智能时代财务会计管理转型研究

邱涵 张丽 李晨光 著

延边大学出版社

图书在版编目（CIP）数据

智能时代财务会计管理转型研究 / 邱涵，张丽，李晨光著. -- 延吉：延边大学出版社，2022.9
　　ISBN 978-7-230-03846-1

Ⅰ.①智… Ⅱ.①邱… ②张… ③李… Ⅲ.①企业管理－财务管理－研究 Ⅳ.①F275

中国版本图书馆 CIP 数据核字(2022)第 180255 号

智能时代财务会计管理转型研究

著　　者：邱　涵　张　丽　李晨光	
责任编辑：李　磊	
封面设计：正合文化	
出版发行：延边大学出版社	
社　　址：吉林省延吉市公园路 977 号	邮　　编：133002
网　　址：http://www.ydcbs.com	E-mail：ydcbs@ydcbs.com
电　　话：0433-2732435	传　　真：0433-2732434
印　　刷：廊坊市广阳区九洲印刷厂	
开　　本：787×1092　1/16	
印　　张：10	
字　　数：200 千字	
版　　次：2022 年 9 月 第 1 版	
印　　次：2022 年 9 月 第 1 次印刷	
书　　号：ISBN 978-7-230-03846-1	

定价：68.00 元

前　言

随着我国经济的高速发展和科学技术的革新进步，各行各业的发展越来越离不开信息化和网络化的支持。与此同时，我国的社会主义市场经济体制逐步完善，经济改革发展进入深水区，财会工作的效率对经济发展的作用日益凸显。

随着智能时代的到来，人工智能可以将财会模型和方法程序化，所以大大简化了财会工作的运算过程，提高了财会工作效率，促进了社会经济的飞速发展。人工智能能够在基础财会工作中基本替代传统财会工作人员，让财会工作人员从机械性、重复性强，技术含量较低的基础工作中解放出来，有更加充沛的时间来学习专业知识，同时将成本管理会计的理论与实践结合起来。财会工作人员需要全方位掌握财会人工智能的工作内容及涉及的范围，持续拓展专业知识的宽度，在实践中同财会人工智能进行良好的合作，实现人机完美互补，从而为企业创造更多价值。财会工作人员还需要满足经济发展和快速变化工作思路的要求，积极地迎合互联网发展的需要，不断提高自己，持续充实财会知识，持续改革，努力使自己成为管理型、跨学科人才。

本书主要介绍了智能时代对财务的改变、智能时代财务组织和模式变革、智能时代财务人员能力升级、智能时代影响财务的新信息技术、智能时代战略财务创新实践、智能时代专业财务创新实践、智能时代业务财务创新实践、智能时代财务共享服务创新实践等内容。

由于笔者学识有限，时间仓促，书中不足之处在所难免，恳请各位读者不吝赐教。

笔者

2022 年 6 月

目 录

第一章 智能时代对财务的改变概述 ... 1

第一节 智能时代财务管理的新逻辑 ... 1
第二节 智能时代正在改变财务的新商业经济 ... 7

第二章 智能时代财务组织和模式变革 ... 14

第一节 财务组织的发展阶段 ... 14
第二节 智能时代的柔性财务管理模式 ... 17
第三节 财务智能化团队 ... 24

第三章 智能时代财务人员能力升级 ... 29

第一节 智能时代 CFO 的基础能力框架 ... 29
第二节 智能时代财务人员的择业模型 ... 36
第三节 智能时代财务人员职业再规划与发展的策略 ... 41

第四章 智能时代影响财务的新信息技术 ... 47

第一节 财务管理和大数据 ... 47
第二节 财务管理和云计算 ... 54
第三节 财务管理和人工智能 ... 58
第四节 财务管理和区块链 ... 63

第五章 智能时代战略财务创新实践 68

  第一节 智能时代战略财务框架的智能增强 68
  第二节 元数据、大数据与经营分析 71
  第三节 智能时代的预算管理新思路 77

第六章 智能时代专业财务创新实践 83

  第一节 智能时代专业财务框架的智能增强 83
  第二节 电子发票助力管理升级 88
  第三节 管理会计与维度 92
  第四节 智能风控 98

第七章 智能时代业务财务创新实践 106

  第一节 智能时代业务财务框架的智能增强 106
  第二节 智能时代布局海外财务管理 110
  第三节 会计引擎 115

第八章 智能时代财务共享服务创新实践 123

  第一节 智能时代财务共享服务框架的智能增强 123
  第二节 大型企业集团财务共享服务中心建设的战略思考 127
  第三节 众包模式与机器作业的前置准备 135
  第四节 RPA 财务机器人 141
  第五节 人机协同 146

参考文献 153

第一章 智能时代对财务的改变概述

第一节 智能时代财务管理的新逻辑

一、财务组织与认知的新逻辑

当智能时代来临时,认识到财务组织与认知在智能时代的改变,是财务智能变革的基础。以下从管控、组织、知识、观念四个方面来分析财务组织与认知的新逻辑。

(一)管控:局部与全面

现代财务管控受到组织壁垒的严重制约,从集团到业务板块,到专业公司,再到机构,每一个层次之间都存在着无形的数据壁垒。今天,当无法将人力直接渗透至最末端的时候,数据是实施集团管控的关键。而数据壁垒的存在,让管控的力量层层衰减。智能时代的数据将实现高度的集中和透明,数据无边界将成为可能。当数据壁垒被打破时,财务管控势必将从局部走向全面。这是智能时代管控的新逻辑。

(二)组织:刚与柔

现代财务组织建立在刚性管理的基础上,弗雷德里克·泰勒(Frederick Taylor)的科学管理理论将人看作"经济人"和"会说话的机器",强调组织权威和专业分工。刚性组织依靠组织制度和职责权力,管理者的作用在于命令、监督和控制。而智能时代需要的是更多的能动与创新。智能时代更需要柔性组织,通过柔性管理挖掘员工的创造性和主观能动性,依靠共同的价值观和组织文化调动员工的高层次主导动机,实现智能时代管理所需要的跳跃与变化、速度与反应、灵敏与弹性。这是智能时代组织的新逻辑。

（三）知识：纵与横

现代财务管理对财务人员的要求首先是专业的纵深能力。财务管理本身涉及会计、税务、预算、成本等多个垂直领域，很多财务人员常年围绕一个纵深领域从事工作，也因此形成了自身在某一领域很强的专业能力。在智能时代，人工智能能够辅助增加财务人员的知识深度，财务管理的视野将被极大地打开，横向宽度不断拓展，财务人员需要具备进行跨专业领域协同创新的新知识体系。这意味着，适度的纵深和积极的横向拓展，形成的 T 字形知识结构将更具有价值。这是智能时代知识的新逻辑。

（四）观念：被动与迎接

以往，财务人员被认为且自己也认为需要用严谨的态度去处理和解决问题，总是被动地应对变化。在很多中小企业中，财务部门的定位就是纯粹的辅助部门，管理层和业务部门也常常会认为财务部门是后台角色。这些都是典型的被动观念。在这种认知和定位下，财务部门能够掌握的资源就会极其有限，难以起到很好的管理推动作用。智能时代将更多地强调财务人员基于大数据和智能分析的主动发现和管理能力。对财务人员来说，要实现如此的观念转变，就需要从被动响应变化转变为主动迎接挑战。这是智能时代观念的新逻辑。

二、财务管理技术的新逻辑

良好的管理技术能够提高财务工作的效率和财务管理的水平。财务管理技术的逻辑转变将让财务能够触及更为广阔的管理技术领域，获得更加先进和更有价值的管理技术工具。以下从数据、计算、记录、流程、互联五个方面来分析财务管理技术的新逻辑。

（一）数据：小与大

传统的财务数据处理和数据分析都是建立在结构化数据的基础上的，人们往往称之为"小数据"。这是传统财务人员最擅长的领域。传统财务分析领域的技术工具也多是基于"小数据"开发的。对财务来说，即使在智能时代，"小数据"也仍然是不可舍弃的核心，毕竟太多的财务管理理论都是建立在结构化数据基础上的。但是，在手握"小数据"工具的同时，财务人员还要高度重视大数据。基于大数据的技术工具，让海量非结构化数据处理成为可能，这能够帮助财务人员跳出传统思维的局限，探索广阔的新天地。这是智能时代数据的新逻辑。

（二）计算：本地与云端

传统的信息系统或者说计算多是建立在本地部署的基础上的，从用户的角度来看，本地部署模式能够更好地支持按需建设，满足管理需求。但随着本地部署量越来越大，所带来的负面影响是持续高昂的运维成本的投入，以及企业大量资产的占用。在智能时代，大数据和机器学习对算力的要求都是海量的，传统的本地部署模式势必受限，云计算将成为首选，无论是公有云、私有云还是混合云，走向云端将成为必然。这是智能时代计算的新逻辑。

（三）记录：集中与分布

传统的财务信息记录方式是集中记录，即"有中心"的记录。这种方式的好处是数据存储量小，不会产生大量的资源消耗。但问题是，数据的安全性及一致性并不是很高。因此，很多公司常见的财务问题是业务与财务不一致，或者可以解释成不同系统之间的同源数据不一致。而在智能时代，随着区块链技术的出现，财务信息记录方式发生了革命性的改变，从原来的集中记录转变成分布式记录，将财务信息进行去中心化的多账本同步记录。尽管这种财务信息记录方式会造成大量的数据冗余，但网络和存储的快速进步克服了这一不足，信息记录从集中到分布将有越来越多的应用场景。这是智能时代记录的新逻辑。

（四）流程：稳健与敏捷

为保持传统财务端到端流程的可靠性，人们倾向于进行流程固化。在业务流程相对稳健的模式下，流程的可靠性和维护的便利性得到增强，但丧失了较多的流程灵活性，以及对客户需求响应的可能性，从而带来客户满意度的下降。在智能时代，更为高效的流程引擎能够支持维度更加丰富的流程控制，并且能够基于动态数据分析及时调整流程控制参数。同时，流程中智能自动处理的环节增加，流程变动并不会给运营造成过多压力。在这种情况下，适度地将流程从稳健向敏捷转变成为可能，也将会赢得财务客户的青睐。这是智能时代流程的新逻辑。

（五）互联：数联与物联

传统的财务关注数字之间的联系，无论是流程处理还是经营管理，都更多地关注数字流转。数联时代帮助人们将一系列的经营管理过程及流程转换为数字形态，从而使人们可以展开量化管理。而在智能时代，人们可以在数联的基础上叠加物联的概念。随着物联网的不断发展，在企业经营中关键实物、人、财务凭证等的流动都可以打上物联标签，而将物流信息进一步转换为数字信息，使人们可以通过数字进一步分析，引入在没有物联时难以关注到的管理视角，如更为复杂的物流运输的成本管理等。物联并不是排斥数联，这里强调的是将物联转换为数联，在数联里加上物联的信息。这是智能时代互联的新逻辑。

三、财务管理实践的新逻辑

财务管理实践的逻辑转变，能够让人们在实践工作中引入不同的视角，通过另一种模式对现有的实践进行转换和升级。以下从绩效、预算、管会、控本、业财、共享、财资七个方面来分析财务管理实践的新逻辑。

（一）绩效：因果与相关

在传统的财务管理中，绩效管理通常会预先设定因果，通过设定关键绩效指标（key

performance indicator, KPI），并设定目标值来监控业务部门的执行情况。当 KPI 结果发生偏离时，势必要找到其原因，再进一步寻求解决措施。这是典型的因果分析法，也是当下主流的绩效管理思维。但在智能时代，大数据并不强调因果关系，而是更关注相关性。这为经营分析打开了另一扇窗。人们可以基于大数据分析，找到影响 KPI 偏离的因素，并获得其影响方向，直接对这些因素进行干预管理，而不必向业务部门说明其中的逻辑。这是智能时代绩效的新逻辑。

（二）预算：经验与数配

传统的预算编制或资源配置往往基于经验，即使采用复杂的作业预算概念，其中的业务动因也大多是基于经验形成的。因此，传统预算是一种经验预算。这种经验预算对预算编制人员的经验要求很高，且其结果很不稳定，往往在预算沟通过程中会有很大的弹性和空间。同时，沟通双方都很难找到合适的逻辑说服对方。而在智能时代，人们依靠大数据的可预测性，通过分析数据，从结果出发，能够找到影响经营结果的热点因素。通过确定这些热点的资源投入，实现精准预算或精准资源配置，即数配。这是智能时代预算的新逻辑。

（三）管会：多维与全维

传统管理会计的核心部分就是维度，而维度往往又是很多管理会计人的痛苦回忆。在当前模式下，管理会计要实现多维度盈利分析的目标，关系型数据库的性能早已无法支持，多维数据库成为当下管理会计系统数据载体的主流。即使这样，在管理设计中，人们对维度也仍然极其谨慎，减少一切不必要的维度，以提高运行效率。而在智能时代，无论是算力还是数据处理模式都可能有更大的提升空间。尽管在当下还没有看到技术突破至理想的状况，但相信在不远的将来，维度的组合计算将不再是业务设计的约束，全维管理会计将成为可能。这是智能时代管理会计的新逻辑。

（四）控本：后行与前置

传统的成本管控往往是在成本发生后进行的事后追踪，这样的成本管理方式在现阶段也是必要的，是能够发挥作用的。但随着智能时代技术的进步，成本、费用被细分为每一个子类，针对不同子类都可以进一步向前延伸，建立专业的前端业务管理系统，如商旅管理系统、品牌宣传管理系统、车辆管理系统、通信费管理系统等。这些前端业务管理系统和财务系统之间进行无缝衔接，将成本费用的管理前置到业务过程中。这是智能时代控本的新逻辑。

（五）业财：分裂与融合

传统的业务系统和财务系统之间存在一定的分离情况，业务系统通过数据体外传递的方式完成和财务系统之间的数据对接。而近年随着业财融合的深入，出现了单个业务系统在体内自建会计引擎，并对接财务系统的模式，但多个系统之间仍然是分裂的。在智能时代，随着会计引擎应对复杂性能力的提升，将能够逐步建立起大型企业内部统一的会计引擎，并作为载体融合多个前端差异化的业务系统，从而实现业财对接从分裂到融合的转变。这是智能时代业财的新逻辑。

（六）共享：人工与智控

当下的财务共享服务采用的是典型的劳动密集型运营模式，将分散的财务作业进行集中处理。这种模式的建立在过去十年内极大地解决了国内企业在会计运营成本和管控能力上所面临的问题。但也要意识到，劳动密集型运营模式本身也存在着成本和操作风险。在智能时代，基于人工智能和机器学习的共享作业将逐渐取代依赖人工作业的模式。基于前端数据的采集，依托智能规则，可以大幅减少财务共享服务中心的作业人力，从劳动密集型运营转变为技术密集型运营。依托人工智能可以实现在智能作业时开展更加丰富的智能风控。这是智能时代共享的新逻辑。

（七）财资：平面与立体

在传统的财资管理系统中更多的是平面化的财资管理，所谓平面化是指将财资管理的重点放在账户管理、资金结算、资金划拨、资金对账等交易性处理流程上。这也是很多国内企业目前财资管理的基本状况。而在智能时代，随着技术支持能力的增强，财资管理将从平面走向立体：一方面，财资管理从交易处理模式转变为复杂的司库模式；另一方面，财资管理从企业内部资金管理模式向供应链金融模式转变。这是智能时代财资的新逻辑。

以上就是笔者提出的智能时代财务管理的新逻辑,也是构建智能时代财务管理体系的思想基础。可以看到,智能时代已经对财务产生了多方面的影响,只有从思想上做好准备,才有可能拥抱这个大时代的到来。

第二节 智能时代正在改变财务的新商业经济

智能时代的来临促使财务人员形成驱动自我进步的新思维,同时也推动着整个社会的革新。而作为社会中非常重要的一环,商业也正在发生改变。本节主要讨论智能时代正在出现什么样的新商业经济,以及这些新商业经济又是如何给财务带来改变的。

新商业经济是指遵照商业经济的运行规律、具有现代理念和最新专业知识的人,能够接受知识、运用知识、创造知识,并将知识转化为社会效益和经济效益,从而推动社会发展的经济。一些能够改变商业模式和商业行为的新思想往往能够带来广泛的社会影响和大量商业模式创新的机会。笔者在这里从三个新商业经济思维的视角(共享经济、跟踪经济和合作经济)进行分析,以期帮助财务人员深入认识和理解新的商业经济思维,发现可能改变财务的机会。

一、共享经济与财务

(一)共享经济的含义

共享经济这个术语最早由美国得克萨斯州立大学社会学教授马科斯·费尔逊(Marcus Felson)和伊利诺伊大学社会学教授琼·斯潘思(Joe Spaeth)在1978年发表的论文《群落结构和协同消费》中提出。但是,共享经济是最近几年才流行的,而这种流行应当说是受到了美国作家罗宾·蔡思（Robin Chase）的《共享经济》一书热销的影响。吴军在其专栏"硅谷来信"中也对共享经济有不一样的深刻理解。

那么，什么是共享经济呢？一种相对通俗的理解是一方把闲置资源的使用权拿出来，另一方通过付费的方式来获得使用权，在这个过程中，拿出资源的一方获得收益，使用资源的一方通过类似租赁的方式，实现低成本和便捷的资源使用，这个过程形成经济循环。

从这种理解来看，共享经济似乎与分享经济极其相似，都以闲置资源或者冗余资源的共享利用为核心。旅行住宿共享、物流共享、交通共享、闲置用品共享等商业模式都是共享经济思想下的产物。而在这种思想的影响下，财务领域也出现了一项非常重要的创新实践——"财务共享服务"，它解决了财务人力资源在分散模式下冗余浪费的情况，并实现了财务人力资源的共享。

但随着对商业经济观察的深入，笔者发现：并不是所有的依托闲置资源的共享经济模式都能够获得成功，也有不少成功的共享经济案例超越了闲置资源共享的概念。

对基于闲置资源共享的共享经济模式来说，一个极大的挑战是资源互通共享中存在的共享成本。比如，要把人们手中的闲置图书拿来共享，并形成商业模式，就要考虑闲置图书在流动过程中的物流成本和沟通成本，这可能很难将人们从直接购买新书的商业经济模式转变到闲置图书共享的经济模式中来。

另一些并非基于闲置资源共享的新共享经济模式取得了较大的成功，并值得我们借鉴。最为典型的是现在非常流行的共享单车。如果仔细研究就会发现，共享单车实际上并不是在使用闲置资源，即不是使用人们家中闲置的自行车进行共享，而是向市场上投放了大量的新自行车。但是其仍然属于共享经济，本质是通过新增平台化工具和资源，实现新增资源的共享，并以此来激发和创造出新的用户使用需求。例如，共享单车出现以后，人们对自行车的使用量呈现出现象级的上升。

（二）共享经济对财务的启示

尽管财务共享服务模式在过去十年间是一项非常重要的创新实践，但也要认识到，这仍然是建立在传统共享经济思维模式下的。在基于增量资源共享的新共享经济思维的启发下，笔者认为，可以从新视角来审视财务管理或财务服务市场。在这里，笔者尝试提出以下两个想法。

1.集团财务进行技术平台投资，发展创新的增量共享经济

在增量资源共享思想的指导下，集团化企业不妨考虑实现一种集中投资先进技术平台，提供给集团内下属各个子公司使用的共享经济模式。

在这种模式下，集团投入了一笔增量资源，这些资源将用于技术研发，研发取得的成果以较低的成本提供给各个子公司使用，让那些本身并没有太多想法和能力使用财务新技术或进行财务创新的专业公司，也有机会迈入财务技术革新之路。这样，就如同在市场上投放了一大批共享单车，让那些原本不打算骑车出行的人群改变习惯，开始骑车出行。

事实上，智能时代正在改变财务的新技术，如大数据、云计算、人工智能、区块链等领域的研发投入都是巨大的，如果仅仅依托子公司的资源，那么实现起来难度很大。而集团财务基于增量共享经济的思路进行建设，将使作为用户的子公司更加积极主动地发现和创造自身的财务管理创新需求，从而带来整个集团管理水平的大幅提升。

2.用高品质中小企业财务共享服务促进代理记账市场的发展

在国内的中小企业财务服务市场中，大量良莠不齐的代理记账公司占据着主要位置。因此，代理记账市场需要通过规范代理记账行业的服务标准、信用体系，依托信息系统进行供需关系间的服务撮合。在这个基础上，引入更多高品质的财务服务商，势必将使得整个服务市场更加规范，不仅可以满足用户简单的记账需求，还可以满足其对财务服务商在税务、财务制度、财务管理、经营分析等方面全方位的业务需求，实现增量共享经济。

二、跟踪经济与财务

（一）跟踪经济的含义和发展阶段

在智能时代，第二个重要的新商业经济思维是跟踪经济。顾名思义，跟踪经济的含义是在对某一个事项跟进追踪的过程中挖掘商业价值。实际上，在过去近二十年的时间内，跟踪经济一直都在发挥作用，并且在经历着时代的变迁。

早期的跟踪经济建立在基于个人计算机（personal computer, PC）的互联网基础之上。接下来的跟踪经济建立在基于手机，特别是智能手机的移动互联网基础之上。而智能时代的跟踪经济则建立在物联网基础之上。

基于 PC 的互联网跟踪经济能够实现的跟踪范围是有限的，通常无法超出计算机的物理位置。在这种情况下，当用户访问互联网时，互联网能够记载用户的登录地点和访问时间，我们可以结合这两项信息做一些简单的商业模式的挖掘，如简单的行为习惯分析、消息推送等。

基于移动互联网的跟踪范围能够从 PC 的固定位置扩大到人在移动时的动态位置。这一跟踪范围的突破，使得商业创新也得到了突破。通过对人移动位置的记录，发展了在高德地图的人车定位、美团外卖的送餐小哥位置定位、滴滴出行的乘客定位、移动考勤签到等多个方面的丰富应用。

而第三个阶段的跟踪经济，则建立在物联网基础之上。在这个阶段，物联网能够通过结合多种跟踪设备与智能时代的高运算能力，实现对人/物的位置、时间、行为的全方位分析。这种分析能力使得跟踪经济的商业模式出现爆发式增长。我们重点对这一阶段的跟踪经济进行探讨。

智能时代的跟踪经济的发展特点包括以下三个：

第一，智能物联阶段的跟踪设备在丰富。

在智能物联阶段，跟踪设备的种类得到了丰富。首先，智能手机仍然是跟踪的重要工具之一，跟踪的精度和时效性都较以往大幅提升，可以说能够做到准确实时的位置定位。其次，无线射频技术的低成本广泛应用使得对物体的大范围跟踪成为可能。最后，智能穿戴设备的普及，使得使用手机跟踪时的不足得以弥补，如人们可以在游泳、睡眠等不适合使用手机跟踪的场景中使用智能手表等新的跟踪设备。

第二，智能物联阶段的分析能力在提升。

随着跟踪设备的丰富，能够采集的跟踪信息也呈几何级数上升。在这种情况下，对数据分析时计算能力的要求大幅提升，好在智能时代基于云计算技术以及计算机本身算力的提升、大数据技术的发展，使得应对这样的大数据分析成为可能。在智能物联阶段，我们已经不再受到算力的约束，可以精选数据进行分析，并且可以对采集到的海量数据进行充分应用。

第三，智能物联阶段的商业应用在进步。

智能物联在商业上的应用受益于跟踪设备的丰富和分析能力的提升。例如，共享单车实现了移动手机和共享单车中定位芯片的组合跟踪，并形成了新的商业模式。再如，在电子商务中，实现了对商品出厂后的完整移动路径的跟踪，使得商品造假的难度大幅度提升，用户可以轻易地完成商品的寻源查询，特别是对于一些单品价值较高的网购商品，能够轻易地识别其是否存在异常，如用境外商品充当国行的情况。

（二）跟踪经济对财务的启示

对于财务来说，当跟踪成本大幅降低后，广泛地应用跟踪技术来提升财务管理的水平将成为可能。跟踪经济最重要的是能够提供大量财务所需要的核算、风控、分析的辅助支持数据，而对这些数据的充分应用，将解决不少在传统财务模式下难以解决的问题。

1.解决存货、生物资产等的管理、核算、审计问题

在传统财务模式下，对于存货的管理往往需要大量业务信息的输入，无论是对企业自身的财务，还是外部的审计师来说，这些业务信息输入的可靠性都需要进行验证。在笔者经历过的实例中，企业发往海外的产品备件被闲置在海外的仓库中多年无人问津，从而造成巨大的损失，在财务上也难以反映实际情况。对于生物资产来说，采用传统的管理模式则更加困难，比如如何盘点移动中的羊群。而跟踪经济能够针对这些问题提供很好的解决方法，如基于跟踪芯片，能够轻松地完成对存货、生物资产的实时跟踪。对位置的精准分析，能够进一步完成大量依赖库位转移进行财务核算工作的自动化处理，使得业务财务一体化的水平得到进一步的提升。

2.解决合同、印章、银行账户UKey等重要风险物品的管理问题

在财务管理过程中，合同、印章、银行账户UKey等都是风险较高的物品，在传统模式下对这些物品的管理难度很高，也容易发生财务操作风险事件。而在跟踪技术下，通过在合同、印章和银行账户UKey中直接附加跟踪芯片，能够实现对这些高风险物品的精准风险管理，如这些物品和保管位置之间的预警管理，当物品距离保管位置达到预警距离时将直接触发警报。而结合保管柜的权限管理系统，能够实现这些高风险物品被使用的具体场景的还原，回答诸如"谁在什么时间用过什么"的风险管理问题。

3.实现基于丰富的跟踪场景的经营分析和业务财务管理

在传统的经营分析和业务财务工作中，非常大的挑战是财务和业务之间存在距离，尽管一直强调财务要深入业务，但很多时候，客观情况使得我们难以做到这一点。这使得财务分析很容易浮在数字层面，而难以深入问题的本质。跟踪经济能够在某种程度上改善这一情况，随着智能物联的发展，业务部门本身存在采用物联网管理的强烈动机，而当整个社会发展到一定阶段后，物联网必将形成社会的统一规范。这个时候，财务应当积极地使用物联网背后的大量信息，并且有可能打破自身企业的边界，结合整个供应链中的物联信息去获得更为广泛的数据基础。在此基础上，财务的经营分析和业务财务工作能够获得与业务部门相对平等的信息透明度，财务业务一体化得以深度实现。

三、合作经济与财务

（一）合作经济的含义

很多时候，对合作经济理解得不够充分可能会导致后续在进行商业模式创新时难度提升。那么，如何理解合作经济呢？

人类一般意义的合作行为源远流长。但是作为一种特殊的社会经济组织现象和合作方式，合作经济是近代社会的产物，是人类社会发展到资本主义阶段后才出现的。合作经济思想开始于空想社会主义。19世纪初，以克劳德·圣西门（Claude Saint-Simon）、罗伯特·欧文（Robert Owen）等为代表的空想社会主义者幻想了一个没有剥削、没有贫困、协同劳动、平等和谐的理想社会，这是合作经济的思想雏形。

当然，今天的合作经济已经有了新的演变。当下，一个使用非常广泛的合作经济的概念是"互联网＋"。对于这个概念来说，希望做到的是将互联网与某一个概念进行组合，从而形成一种新的商业模式。部分模式已经取得了比较好的应用成果，如互联网金融等，其为社会带来了巨大的价值共享。但很多时候，这种组合并没有产生很好的效果，如互联网＋上门洗车、互联网＋上门美甲等模式都没有取得预期的效果，原因在于这些商业创新是强行相加的。而在合作经济下，不仅仅局限于"互联网＋"的模式，还可以采用"＋互联网"的模式，如金融行业充分利用互联网工具，同样能够使行业迸发出新的生命力。

（二）合作经济对财务的启示

对于合作经济与财务来说，大的方向应当是将财务传统的业务模式与智能时代的新技术进行充分的结合应用。笔者认为，这种方向是趋势性的，并不存在争议。

但在这里，笔者想深入地谈一谈作为市场上提供财务服务的厂商，如何参与这样一场时代性的合作。实际上，在财务与技术的合作中非常核心的一环是技术能力，对于有不同技术能力的市场参与者来说，其面对的选择可能是不一样的。

1.有技术实力的主导者

在这一场合作中，有一类财务服务提供商是有可能成为"财务＋技术"中技术端的主导者的，如甲骨文公司和思爱普公司，对于国内市场来说，用友集团、金蝶集团等传统财务信息化厂商也有这样的可能。而另一些大数据、云计算、人工智能等技术领域的主导者，如百度公司、阿里巴巴集团、腾讯公司，也可能成为这一场合作的重要参与方。对于他们来说，需要的是充分发挥自身的技术优势，深度参与技术端的合作，并从技术角度设法驱动一些商业模式的出现。但不得不说，只有少数参与者能成为主导者，绝大多数参与者是没有能力去扮演好这个角色的。

2.应用技术的中间人

在智能时代，对于绝大多数厂商来说，如果无法成为那一小部分技术主导者，那么不妨看清楚自己的身份和定位，换个角色，积极地成为应用技术的中间人。

对于多数财务服务商来说，实际上在这场"财务＋技术"的合作中很难扮演好自身财务端的角色，难点在于，如何将传统财务领域与新技术进行思想和技术层面的创造性衔接。因此，这些财务服务商不妨考虑将自身定义为结合传统财务和技术的"中间人"，通过帮助财务应用新兴管理技术来实现自身的价值，这可能是财务领域合作经济的更好的模式。

第二章　智能时代财务组织和模式变革

第一节　财务组织的发展阶段

财务组织如同生物一样,有着自身进化的规律。在不同的历史时期,财务组织是与当时的社会、经济以及技术环境相匹配的。时至今日,财务组织的发展已经进入了与智能时代环境相适配的时期。

中国的财务发展可以从中华人民共和国成立后开始谈起。应该说,在几十年的历程中,财务在整体上是不断变化的,这些变化也是和整个中国社会的进步相匹配的。笔者认为,可以把这个发展历程划分为以下几个阶段:入门阶段(财会一体阶段)、初级阶段(专业分离阶段)、中级阶段(战略、专业、共享、业务四分离阶段)、高级阶段(外延扩展阶段)。

一、入门阶段:财会一体阶段

从中华人民共和国成立开始到 20 世纪 70 年代末,大约 30 年的时间,财务与会计并没有显著分离,即所谓财会一体。在这个阶段,财务管理更多地被视作会计的一个构成分支,实际上更多的是服务于内部控制和成本管理。一方面,要保证不出现经济问题,需要针对资金和资产的安全进行必要的管理;另一方面,需要从降低成本上获取管理业绩。事实上,在这个阶段,有不少企业的成本管理还是有可圈可点之处的。

二、初级阶段：专业分离阶段

经历了近30年的财会一体后，随着改革开放的到来，企业的经营目标发生了很大的改变。企业更关注自身的经营结果，也就是怎么盈利的事情。在这个背景下，财务的地位发生了一些改变：从一个单纯的"管家婆"的身份，转变为一个对内能当好家、对外能做参谋的新身份。

同时，财务组织也发生了变化。一个典型的特征是在20世纪80年代的10年中，财务管理作为一门独立的学科被分离出来，而企业也逐渐完成了财务管理部和会计部的分设。这样的好处是专业的人做专业的事情。财务管理也逐步涵盖了越来越多的东西，如预算管理、成本管理、绩效管理等，会计则涵盖了核算、报告、税务等内容。在后期，另一个专业领域也被不少大企业分离出来，即资金管理。很多企业在财务管理部和会计部以外都设置了资金部。

从上面的变化可以看到，基于专业的分离趋势在财务组织中开始出现，这个阶段就叫作专业分离阶段。

三、中级阶段：战略、专业、共享、业务四分离阶段

从20世纪90年代开始到大致2015年，是财务领域快速创新、积极变革的阶段，所以这个阶段还是很有技术含量的。实际上，战略、专业、共享、业务四分离这个概念最早是咨询公司从国外引入并流行起来的。如图2-1所示，财务组织有两个三角形的变化，在左边的正三角形里基础作业比重很大，在右边的倒三角形里管理支持比重很大。正是在这种思想的引导下，国内很多企业开展了财务共享服务中心及业务财务一体化的建设。而这两大工程带来的直接影响就是基础作业分离到了财务共享服务中心，业务财务队伍成为财务组织的一个很重要的配置。

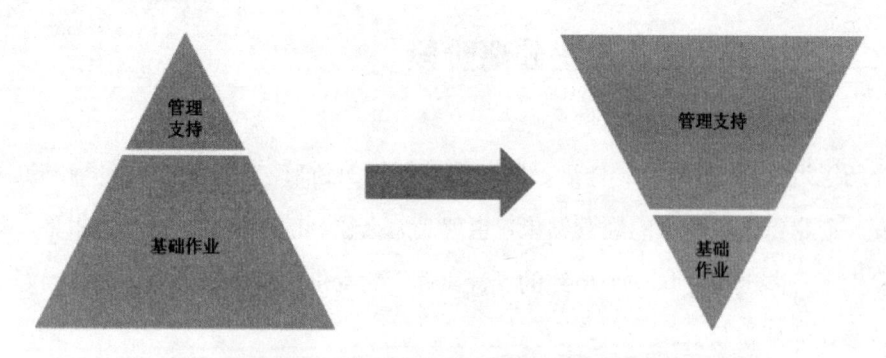

图 2-1　传统阶段到四分离阶段的职能转变

在市面上流行的说法中还有一个三分离的概念,这个概念没有将专业财务与战略财务分离,统称为战略财务。但根据笔者的管理咨询工作实践,战略财务和专业财务还是有一定的差异的,分离后更为清晰。战略财务主要聚焦集团或总部的经营分析、考核、预算、成本管理等领域,专业财务则聚焦会计报告、税务、资金等内容。共享财务是会计运营的大工厂,而业务财务则主要承接战略财务和专业财务在业务部门的落地。

战略、专业、共享、业务四分离的出现使得财务的格局上升了一个层次。应该说,当时国内大中型企业的财务建设基本上都是按着这种模式来的,并且取得了不错的成效。

四、高级阶段:外延扩展阶段

从 2016 年开始,整个社会的技术进步在加速,移动互联网不断发展,人工智能开始起步,大数据概念普及,套装软件厂商迫不及待地开始布局云服务。高级阶段的财务组织是与当下技术和概念日新月异的社会环境相匹配的。从这个角度来看,财务人员并没有想象中的那么保守,反而具有一定的自我突破的决心。高级阶段在前面四分离的基础上进一步扩展了财务工作内涵的外延,笔者称之为外延扩展阶段。

在高级阶段,战略财务开始研究如何使用大数据来进行经营分析,有些公司在财务体系中分化出数据管理部或者数据中心。专业财务对管理会计的重视日趋加强,管理会计团队在财务组织中出现独立趋势。业务财务就更加多元化,并且在不同的公司做法也不尽相同,如有的公司基于价值链配置业务财务,有的公司则基于渠道配置业务财务。

而财务共享服务中心在步入成熟期后,开始向深度服务或对外服务转型,如建立企业商旅服务中心、承接服务外包业务、提供数据支持服务等,同时基于机器作业的智能化应用也在财务共享服务中心出现。而另一项工作——财务信息化,在财务组织中也日趋重要,少数企业已经成立独立的财务信息化部门。随着智能时代的到来,财务信息化部门进一步演化出财务智能化团队,负责推动整个财务组织在智能化道路上前行。

从组织形态上说,原先的层级性组织正出现矩阵式、网状或柔性组织的特征,不少企业要求财务团队既专业,又具有极强的可扩展性,从而应对人力多样化、差异化的需求。

总之,智能时代财务组织的发展正在进行中,未来也不会终止。

第二节 智能时代的柔性财务管理模式

当财务组织的发展进入高级阶段后,需要面对更为复杂的灵活性以及更为迫切的创新需求。传统的财务组织在应对这一挑战时会面临极大的压力,即将谈到的柔性财务管理模式则可以更好地应对这一挑战。

在智能时代财务管理的新逻辑中,笔者谈到了财务组织的刚与柔。传统的财务管理是一种刚性管理模式,而智能时代的财务管理需要具有更多的柔性。首先让我们来深入地理解什么是管理的"刚与柔",然后再来谈谈应该从哪些方面构建财务管理的柔性。

一、深入理解管理的"刚与柔"

从字面上理解"刚"与"柔"并不困难。对于"刚"的概念,最具有代表性的当属泰勒的科学管理理论,不少大学的管理学课程都会介绍这套理论。泰勒的科学管理理论包括作业管理、组织管理和管理哲学三个核心内容。其中作业管理强调的是如何通过科学的工作方法、培训方法和激励方法来提升劳动生产率。在电影《摩登时代》中,卓别林所饰演的工人在采用刚性的科学管理模式的工厂中进行流水线作业,几乎成为生产线上的一颗螺丝钉。而组织管理则区分了计划和执行职能,提出了职能管理的概念;管理哲学强调科学管理带来的心理革命。随后,很多管理思想的发展都延续了科学管理中至刚的风格。

当然,传统管理的刚性并不局限在科学管理这一个领域,现实中的管理工作到处都有刚性的影子,比如组织中森严的管理层级、流程中缺少变通的执行方式、信息系统中难以改变的架构等,这些都无时无刻不在影响着企业的发展。而在财务领域,这种刚性的影响同样不可小觑。

当然,我们不能简单地去否定刚性,在过去的管理阶段中,刚性管理有其存在的价值。我们要做的是研究这些刚性的度是否合适,是否会过刚而折。如果到了折断的临界点,就应当适当地引入柔性,实现刚柔相济。

那么,柔性管理又是怎样的呢?笔者的理解是,柔性管理和行为科学体系是一脉相承的。霍桑实验是行为科学体系建立的重要实验基础,在这个实验中,人们发现员工可能并不是泰勒所假设的"经济人",而是"社会人"。这个观点的转变,彻底将把人当作机器的管理思想转向了关注人的主观能动性。

柔性管理的概念不仅关注对人的管理模式的改变,还体现了敏捷性、弹性和可扩展性,可以广泛地应用在战略管理、组织管理、绩效管理、团队管理、流程管理、运营管理等多个方面。可以说,"上善若水,水善利万物而不争"便是柔性管理的一种境界。

安应民在《企业柔性管理——获取竞争优势的工具》中谈到,从本质上来说,柔性管理是一种对"稳定和变化"同时进行管理的新战略,它以思维方式从线性到非线性的转变为前提,强调管理跳跃和变化、速度和反应、灵敏与弹性,它注重平等和尊重、创造和直觉、主动和企业精神、远见和价值控制,它依据信息共享、虚拟整合、竞争性合作、差异性互补等实现知识由隐到显的转换,为企业创造与获取竞争优势。

可以看到,这是对柔性管理的一种较为感性的理解。

二、智能时代财务实现柔性管理的措施

谈到财务管理,在非常长的时期内,人们似乎都更愿意使用刚性思维来对待。一方面,财务本身在不断进行所谓严谨、管控、规则化的自我暗示;另一方面,财务人员长期以来就生活在有着各种条条框框的刚性环境中,如各种准则、各类监管制度,以及发票、单证等。而这种环境会逐渐束缚财务人员的创造力。

智能时代的到来,释放出要求财务进行自我改变的强烈信号,同时也给财务人员创造了一个改变的机会。人工智能将帮助财务人员完成许多原本需要"刚性"生产完成的工作,如财务审核、会计核算、资金结算等,从而使财务人员有机会去提升创造能力和柔性管理的能力。

(一)柔性的财务组织架构

传统的财务组织通常是层次化的树状组织形式。通常在最顶层设有集团财务总监(chief financial officer, CFO),下设几个专业部门,部门下再设相关科室;到了下属的业务单元或者子公司,又有业务单元或者子公司的总部财务,同样对口集团再设置相应的专业部门;再往下,到了分支机构,视机构大小,设置数量不等的财务相关部门,但具体岗位也是向上匹配的。这种组织配置方式带有典型的"刚性"。

采用这种组织形式的好处是能够快速地完成指令的下达,并在某个专业领域产生高效的上下协同。但采用这种模式最大的弊端是横向协作困难,并对变革和创新产生比较大的组织阻力。形象地看,这种模式也被称为"烟囱式"的财务组织架构。

因此,在组织体系中建立柔性管理,将带来更大的价值。笔者认为,可以从以下几个方面入手打造柔性组织。

1.尝试扁平化的组织形态

对于财务来说,往往在一个法人主体上会产生多个管理层级,比如链条"CFO—财务各部门总经理—部门副总经理—室经理—员工"已经产生了五个管理层级。适度的扁平化可以考虑简化一些层级,适度增加中高层的管理跨度,从而提升组织的运转效率。

2.积极应用团队结构的组织

在团队结构的组织中灵活地设置暂时性或永久性的团队，这样的组织形态可以改善横向关系，并且可以有效地解决横向、纵向协作困难的问题。团队的设置可以是横向组合，也可以是纵向组合，甚至可以是横纵共同组合的形式。在团队中可以纳入一个或多个管理者来共同解决问题。团队结构的好处是在面对重大问题的时候，可以让部门的局部利益让步于整体利益。团队往往还结合项目来进行工作，项目化团队在柔性管理中有着重要的价值。

3.探索流程型的组织

对于财务工作来说，从流程角度出发也能够带来组织的柔性创新，并借助流程的穿透能力打破组织的刚性壁垒。流程型的组织在财务共享服务中心的应用中最为常见，但笔者仍然建议扩大流程型组织的适用范围，比如将共享服务的流程向端到端进行拓展，将经营分析、预算管理、成本管理、税务管理等非共享运营类流程引入流程型组织中。

（二）柔性的财务组织文化

在财务组织的文化建设方面可以考虑引入柔性管理的思想，从而加强团队文化的包容性和灵活性。组织文化大致可以分为团队文化、偶发文化、市场文化和层级文化。

对于传统的财务组织来说，应更多地注重层级文化的建设。这种组织文化往往对稳定性和控制性的要求显著高于对灵活性的要求。这也是与财务组织长期以来的稳健特征相符合的。

团队文化、偶发文化和市场文化都具有柔性的特征。要建立适当的组织文化柔性，可以在财务组织中适当地增加这三种文化的比重。当然，保持必要的层级文化也是符合财务管理特点的。

1.团队文化

在这种文化类型下，组织类似于一个家庭。团队文化鼓励家庭成员之间相互合作，通过共识和相互传递正向能量，带动组织凝聚力的提升，从而发挥出更好的组织效用。对财务来说，这种文化往往可以在一些关键时刻去建立，如在年报期间或者在财务系统建设期间都很容易构建团队文化。

2.偶发文化

这是一种注重灵活性的冒险文化，强调的是创造力的培养，以及对外部环境变化的快速响应。它鼓励员工尝试使用新方法甚至冒险去完成工作。这种文化在部分财务领域并不适用，比如会计核算、报告、税务、资金结算等追求安全性的领域并不能让冒险文化成为主导。但是在一些需要突破创新的领域，如创新型财务流程和系统的建立、融资等领域还是需要员工具备一定的创新能力的。因此，偶发文化可以作为财务组织文化的补充。

3.市场文化

这是一种鼓励内部竞争的文化，它对效益的关注超出了对员工满意度的重视，这种文化形态更像一种商业行为。在财务领域，财务共享服务中心最容易形成这样的文化氛围。适度的市场文化在标准化的财务作业领域能够有效地提高员工的工作效率，但是这也是一种刚性，不宜过度，否则将在财务共享运营层面造成过于刚性的影响。反而在非财务共享领域，更需要加强对市场文化的引入，以驱动财务管理人员爆发出更强的战斗力。

从以上分析可以看到，未来柔性的财务组织文化应当在层级文化的基础上更多地引入团队文化和市场文化，并将偶发文化作为必要的补充，形成丰富、立体的柔性财务组织文化体系。

（三）柔性的财务战略管控

谈到战略管控，不少公司的做法是通过协商制定战略目标，但一旦制定后就很少进行动态调整，造成了战略管控的刚性。而许多公司在预算管理上也存在类似的问题，即预算缺乏灵活的调整，难以适应市场环境的变化，带来资源配置的刚性。因此，财务战略管控可以从绩效目标管理和全面预算管理两个方面来提升其管理柔性。

1.绩效目标管理

在传统的目标管理中，财务部门主要根据公司战略进行目标设定、下达及跟踪考核。在这个过程中，目标需经过管理层、业务单位以及财务的沟通协商后进行制定，但往往一季度、半年甚至全年都不进行调整，同时目标的制定往往只关注自身进步，以财务目标为中心，这种模式可以简单地归纳为仅仅和自己比。这是一种带有刚性色彩的目标管理。

在柔性管理思想下，对目标的制定和考核应当更多地关注其他的维度，除了和自己比，还需要考虑和市场比以及和竞争对手比。通常，要设置具有挑战性的目标，可以考虑要求业务部门的绩效超出市场的平均水平，且超出主要竞争对手的水平。当然，这是针对在行业中本身位于第一梯队的公司来说的，处于不同梯队公司的财务可以设定差异化的目标，但核心在于视角的拓展和柔性化。另外，目标设定后不能一成不变，应当在全年中不断调整，不仅要在固定时间节点进行调整，还要在市场发生重大事件时、在竞争格局或竞争环境突然改变时进行及时调整。在目标管理上，应当兼顾财务目标与非财务目标，并具有更为主动的战略敏感性。

2.全面预算管理

传统的全面预算管理往往以年度为周期，基于年度循环来进行资源配置。部分公司将年度预算简单地除以 12 分配到每个月当中。预算编制结果往往与业务实际缺乏关联性。在预算编制完成后，又较少展开预算调整，使得预算和实际情况的偏离越来越严重。

在柔性管理模式下，资源配置应当具备更加细化的时间颗粒和维度颗粒，充分考虑到不同时间周期内业务经营的实际特点，进行差异化资源配置，同时结合更多的业务实际，向作业预算的方向进行努力。当然，柔性资源配置的背后还有成本和效率的约束。在当前相对刚性的资源配置模式下，很多公司的预算要到 3、4 月才能完成，且在编制过程中沟通成本高昂。这意味着，向柔性管理的进一步迈进可能增加更多的成本。

（四）柔性的财务共享运营

传统的财务共享运营是典型的以制度为中介，对人的行为和组织的目标进行约束匹配的模式。这种运营模式体现的是一种刚性思维。刚性运营需要有稳定、统一以及可以预测的业务需求，同时在业务加工过程中还需要以规模经济为基础，进行同类业务的大批量作业，强调统一性和标准化，在作业完成后要进行质量测试。在这种运营模式中，财务共享服务中心的员工仅需完成单一作业，在管理中要求尽量减少工作差异，没有或者很少进行在职培训。

可以看到，刚性运营能够享受规模效应、效率提升带来的成本优势。但在实践中，越来越多的企业管理者对财务共享服务中心的要求在不断提高,他们希望财务共享服务中心能够有更多的灵活性,应对更为多样和复杂的业务场景。而这本身也是财务共享服务中心的管理者所不断追求的。

对柔性运营思维的应用,能够很好地应对日益提高的管理要求。在柔性运营模式下,需求可以具有不确定性、多样性和不可预测性。在运营过程中,柔性运营以范围经济为基础,进行大批量多样化生产。质量控制方式将从事后测试向前期过程中的质量环境建设和质量控制转变。在这种模式下,员工需要从原来的一专一能转变为一专多能,当业务需求发生变化时,能够灵活地进行资源调配。

财务共享服务中心的刚性是与生俱来的,也是不可或缺的,这是其安身立命之本。但财务共享服务中心的管理者必须意识到未来的趋势是刚柔并济,培养柔性运营的思维和能力是十分必要的。直观地说,刚性思维模式是一套直线式的生产线,而柔性思维模式则允许我们在这条直线上将差异件分流处理,同时允许员工在生产线上进行多流程环节处理,通过组织的柔性、技术的柔性、流程的柔性给财务运营带来多种可能。

(五) 柔性的财务信息系统

对于财务管理来说,还有非常重要的一点,就是需要将财务信息系统的刚性束缚打破,构建柔性的财务信息系统。

由于中国的信息化发展十分迅速,技术更新速度快,管理不断出现新的要求,对于很多公司来说,财务信息化的建设是在不断"打补丁"的过程中完成的。这样的建设路径使得这些公司的财务信息系统缺少规划和柔性。对于这些公司来说,一个很大的问题就在于当业务需求发生改变时,现有的财务信息系统调整困难,甚至存在无人清楚的大量复杂的后台业务逻辑,使得无人能够清晰评估新需求可能带来的影响,并最终导致系统无法改动。

因此,在这种情况下,财务信息系统的刚性是具有极大的危害性的。要改变这种局面,事实上并不容易,需要从以下两个方面共同努力:

一方面,改变信息系统建设的观念和节奏,从"打补丁"的建设方式转变为先做规划和架构设计再开工建设。有些公司在系统建设的前期舍不得投入资金展开规划设计,导致产生高昂的后期返工和维护成本。在柔性管理思路下,公司需要在系统建设前期对需求展开充分调研，多研究市场上的成熟产品，必要时请专业人士或者咨询公司来进行架构和需求设计。

另一方面，在财务信息系统的架构设计中应当充分考虑产品化的思路。有的公司认为业务没那么复杂，没必要搞所谓产品化、可配置化，信息技术（information technology, IT）人员只要用代码把规则写出来，流程跑通就可以。但实际情况是，这些公司从一开始就给自己戴上了沉重的刚性枷锁，要想改变并不容易。找到合适的时机，对系统进行一次全面的再造是可能实现由刚入柔的一种方式。这种契机往往出现在公司经营业绩很好，能够投入充足预算的时期，如果结合技术的大发展、大进步，则更容易实现柔性管理。对于一些初创型公司来说，如果自身没有充足的资金进行复杂的系统开发和建设，不妨考虑选择第三方产品，甚至是云计算产品，在低成本模式下保留自身的柔性。

我们在上述内容中讨论了管理的"刚与柔"，并探讨了智能时代财务实现柔性管理的五种措施。在智能时代，适度加强企业的柔性管理能力有益于企业的健康发展。而最佳的境界是做到刚柔并济，充分发挥刚与柔的和谐之美。

第三节　财务智能化团队

正如在财务组织的发展阶段中所谈到的，财务组织在发展到高级阶段后，会进入外延扩展阶段。在这一阶段，财务组织演化出复杂多样的形态，这也顺应了在柔性管理思想下对财务组织柔性化的要求。下面笔者要谈一谈面向未来的智能时代，财务组织的一种可能的外延扩展形态——财务智能化团队。

一、智能时代财务组织的方向

智能时代对财务组织最大的影响就在于减少了对简单作业的需求，加强了对创新和复杂设计能力的依赖。当然，当我们谈到这里的时候，很容易引发道德争议。在网络舆论中，有不少人担心智能时代的机器会取代人的工作。

为了回答这个问题，我们不妨看一下经济学中谈到的破窗理论，也称为"破窗谬论"。这个理论源于学者亨利·黑兹利特（Henry Hazlitt）在一本小册子中的譬喻（也有人认为这一理论是 19 世纪法国经济学家克洛德·弗雷德里克·巴斯夏（Claude Frédéric Bastiat）在其著作《看得见的与看不见的》中提出的）。黑兹利特说，假如一个孩子打破了窗户，则必将导致窗户的主人去更换玻璃，这样就会使安装玻璃的人和生产玻璃的人开工，从而推动社会就业。

担心机器取代人工的人，实际上是支持用落后的工具来进行生产，如同让孩子持续砸窗户，从而推动社会就业。而事实上，如果避免了自然灾害、人为破坏，那么节约下来的时间、物质资源和劳动力完全可以用在生产其他更重要的东西上，这样社会生活会更加富足。维持落后的工具，担心机器取代人工，实际上是牺牲了创造潜在价值的可能。说到这里，我们对智能时代财务组织将减少简单作业、增加复杂设计的方向性判断就更加明确了。

二、财务智能化团队的定义、成员画像和组织设计

在智能时代，提高财务复杂设计能力的核心在于财务智能化团队的建立，这是我们在这里要谈论的主题。

（一）财务智能化团队的定义

笔者希望财务智能化团队是基于柔性理念设置的，能够具有敏捷快速的响应能力，具备更加高效的资源组织能力、创新和协作能力等，所以用"团队"而不是"部门"能够更加贴近笔者所期待的能力需求。

不同学者对智能化团队有不同的理解。第一种理解是用智能工具来武装自己，使得组织的工作效能得以提升。第二种理解是组织中的工作被人工智能替代，整个组织的工作内容已经没有人的干预，组织成为智能作业组织。第三种理解是需要一个组织，能够基于智能化的理念，帮助其他组织达到前面两种理解的目的，即智能化团队是用来帮助

他人实现智能辅助工作或推动机器替代人工的。这里笔者所谈论的是第三种理解下的智能化团队的概念。

笔者给智能化团队加上"财务"限定词,是为了说明这个团队的服务对象是财务领域,而非其他领域。同时,财务智能化团队的组织设置也在财务组织内部。

基于以上理解,笔者就能够给财务智能化团队下一个定义:财务智能化团队是在企业财务组织内部,基于智能化理念、人工智能理论和方法以及创新思维,推动财务组织中其他职能使用智能化工具提高效率、质量或者用人工智能取代人工作业的组织。

（二）财务智能化团队的成员画像

在有了定义后,下一个问题是财务智能化团队的成员需要有怎样的素质特征。从定义来看,这个团队和其他团队不一样,具备一些独特性。

1.游走在财务与科技之间

财务智能化团队需要具备复合的知识体系。一方面,该团队需要具有丰富的财务管理知识,具备管理者的战略视角,能够从全局对财务管理的工作模式和业务流程作出深入思考;另一方面,该团队需要对智能化技术有充分的认识,清晰地认识到智能化技术能够做到什么,以及如何与财务管理的场景相结合。同时,类似于现在财务信息化团队中业务需求分析人员的工作,财务智能化团队同样需要具备将业务需求转换为智能化技术实现方案的能力。

2.让创新成为一种本能

由于智能时代新技术层出不穷,如何将这些新技术与财务管理的场景进行关联成为关键问题。很多时候,人们知道新技术是什么,也知道财务管理在做什么,但就是说不清楚新技术能够帮助财务管理做到什么。这个问题出现的原因是缺乏创新。因此,对于财务智能化团队来说,创新要成为一种本能,只有这样,才能够敏锐地洞察智能时代财务创新的机会。

3.胆大心细能推动

在未来相当长的一段时间内,财务智能化团队都将致力于改变现在财务管理的固化习惯。无论是让人们接受新的技术工具,还是让人工智能替代人工作业,都需要强大的推动力。财务智能化团队的成员需要胆大心细,敢于挑战权威、改变不良习惯,同时还需要懂得沟通协调的艺术，能够在变革的过程中获得各利益相关方的认可，从而形成推动力。

4.人少精干有柔性

财务智能化团队的人数并不需要很多，对于整个财务组织来说，这个团队一定是一个小众群体，是一把利剑。在这样的团队中，每个成员都要保持充分的活跃度和能动性。同时，整个团队也需要具有高度的柔性，能够随时拆分或组合，既可以随时投入微创新中，也可以随时投入攻坚战中。这也就是说，财务智能化团队应该是一支富有变化性和战斗力的队伍。

总之，财务智能化团队需要具有财务和技术复合知识、敢创新、能推动、善变化、有战斗力的财务人。

（三）财务智能化团队的组织设计

那么，我们该如何去建立这样一个财务智能化团队呢？我们首先从组织设计的角度来谈一谈财务智能化团队的几个关键问题。

1.财务智能化团队的核心职责

财务智能化团队的核心职责主要有四点：第一，负责财务组织对智能化技术的战略性研究，能够积极主动地跟踪新技术动态，深入挖掘财务管理领域应用新兴智能化技术的可行场景，并制定实现路径；第二，能够有效地与IT部门对接，明确智能化应用场景的业务需求，推进并跟踪IT部门实现智能化业务需求；第三，推动已实现的智能化技术工具在财务管理实际工作中的应用，提升相关场景业务团队的工作效能；第四，积极推动人工智能技术对财务业务流程中人工作业环节的替代，提升流程的自动化处理能力。

2.财务智能化团队的管控关系

财务智能化团队是财务组织内设机构，鉴于其在组织中需要有多方面的沟通协调能力及极强的推动要求，可以考虑将该团队的直接汇报对象设定为CFO或分管信息化建设的财务总经理，同时赋予该团队较强的组织协调权力，如项目资源调动的权力、对项目参与方进行考核的权力等，以支持其推动变革项目。另外，财务智能化团队也需要和外围各方财务组织以及科技部门保持紧密的协作关系。

3.财务智能化团队的组织架构

作为一个柔性组织，财务智能化团队只需要有一个负责人和多个智能化财务经理。每个智能化财务经理都可以成为项目负责人或者其他项目的成员，但团队应当遵循项目经理负责制，赋予项目经理充分的资源调配权和项目管理权。而整个团队的负责人需要负责团队整体的方向和人员管理，能够对每个项目起到有效的辅导和监督作用。

在明确了组织设计内容后，财务智能化团队的建设方向会逐渐清晰起来。有前瞻性思想的财务领导者，应当尽早关注新技术，以新技术驱动财务管理升级。较早地在财务组织内部设立财务智能化团队是一个很好的起点，积极地引入富有创造力和综合能力的优秀人才，可以进一步推动团队的建立。财务智能化团队的建立会比其他财务组织的建立更富有挑战性，用有开拓性的领导力集聚创新技术人才，是团队成功建立的关键。

第三章 智能时代财务人员能力升级

第一节 智能时代 CFO 的基础能力框架

所有期望成为 CFO 的财务人员都很关心一个问题：应当积累哪些知识才能成为 CFO。实际上，很多人在年轻的时候是没想明白这个问题的。这导致这些人往往会与机会失之交臂，或者勉强上任，但无法达到预期的效果。

笔者将通过搭建一个智能时代 CFO 的基础能力框架来尝试回答这个问题。这个框架将考虑智能时代财务管理职能需求的拓展。

一、战略财务基础能力框架

（一）战略与业务

CFO 需要有非常宽阔的知识面，但最重要的并不是专业知识，而是对公司战略和业务的理解以及把控。该能力决定了 CFO 是否能够真正成为一个经营团队的合格管理者，而不仅仅是一个财务工作者。

核心技能包括：①战略解读；②财务与战略配合；③公司资源及计划的管理参与；④财务资源配置管理；⑤与业务单元的沟通。

（二）财会控制机制

CFO 需要在企业内部建立完善的财务、内部控制和内部审计体系，以确保会计风险的可控性。也有一些公司是由首席风险官负责这部分职能的。

核心技能包括：①财务及会计制度管理；②内部控制；③内部审计与稽核。

（三）价值管理

价值管理是 CFO 的高阶技能。CFO 需要从多方面主动管理以提升公司的价值，满足公司股东的投资回报诉求。

核心技能包括：①产权管理；②营运资本管理；③现金流量管理；④经济附加值管理；⑤新业务价值管理；⑥并购价值管理。

（四）经营分析与绩效管理

经营分析与绩效管理是 CFO 在公司经营管理方面的核心价值，优秀的 CFO 是公司持续前进的一个重要的推动器。KPI 的设定、持续的考核跟踪、深度的经营与数字探究，能够给公司的发展注入强大的活力。

核心技能包括：①KPI 体系搭建；②经营分析报告；③绩效考核制度搭建及奖惩执行；④投入产出管理；⑤市场对标管理；⑥重大关键项目管理。

（五）全面预算管理

"凡事预则立，不预则废"，全面预算管理是 CFO 在资源配置方面配合企业战略落地的重要工作。当然，全面预算管理并不仅仅是财务的事情，但是 CFO 去承担牵头职能还是必须的。

核心技能包括：①经营计划管理；②预算编制管理；③预算执行与控制管理；④预算分析；⑤预算组织管理；⑥预算流程管理；⑦预算系统管理。

二、专业财务基础能力框架

（一）会计与报告管理

对于 CFO 来说，会计与报告管理是必不可少的工作。当然，即使可以请会计专业人士和会计师事务所代劳，CFO 也必须懂会计。

核心技能包括：①会计交易处理以及相关流程管理；②往来管理与关联交易管理；③会计报告及合并管理；④会计信息系统（如核算系统、合并系统等）管理；⑤信息披露；⑥审计流程管理。

（二）税务管理

税务管理是 CFO 的传统工作之一，世界各地的 CFO 都是绕不开税务工作的。而在中国，税务有着自己的特点。CFO 需要将税务管理当成一项既严肃又充满艺术性的工作来对待。

核心技能包括：①税务政策研究；②税务关系管理；③税务检查配合与风险防范；④税务数据管理；⑤税务系统管理；⑥营改增及电子发票/特定时期的特殊事项。

（三）资金管理

资金管理是 CFO 工作中的重要一环，也是对一个称职 CFO 的基本要求。从分类上说，资金管理是专业财务的一个构成领域，具有一定的技术性，如果没有从事过这个领域的工作，要具备这部分专业知识是有一定难度的。

核心技能包括：①资金收付管理；②资金计划管理；③债券融资管理；④混合融资管理；⑤股权融资管理；⑥司库管理；⑦外汇管理；⑧银行关系管理；⑨资金系统管理；⑩流动性管理；⑪投资管理。

（四）合规管理

合规管理对很多监管行业来说非常重要，监管机构有金融行业的银监会、保监会、人民银行等，上市公司的证监会等。CFO 需要很好地把握监管政策，主动、积极应对，以避免因合规问题而造成公司损失。

核心技能包括：①监管政策研究；②监管沟通及检查应对；③监管信息报送；④违规风险管理及违规后危机管理。

（五）管理会计

管理会计是当下各大 CFO 面对的重要课题。国内正在掀起一波管理会计建设的热潮，CFO 必须懂管理会计。

核心技能包括：①维度体系搭建；②收入分成管理；③成本分摊；④多维度盈利分

析；⑤作业成本管理；⑥资金转移定价管理；⑦风险成本和资本成本管理；⑧管会数据应用（定价、精准营销等）。

（六）成本管理

成本管理对每个企业来说都是一项十分重要的内容。对于 CFO 来说，节流要靠成本管理。

核心技能包括：①成本战略体系设计；②基于价值链的全成本管理；③费用的前置管控；④成本文化建设；⑤最佳成本实践的形成和推广。

（七）财务风险管理

广义的风险管理领域是首席风险官的管理职责，但在财务领域，CFO 应该对财务相关风险予以高度关注，并实施有效的管理。CFO 力求创造价值，但必须牢记，风险是底线，控制好财务风险是必修课。

核心技能包括：①财务操作风险管理；②财务风险管理文化建设；③风险控制与自我评价工具的财务应用；④关键风险指标体系的财务领域搭建；⑤重大风险事件监控。

三、业务财务基础能力框架

（一）产品财务管理

CFO 需要基于产品财务队伍，加强对以产品规划、产品研发为核心的产品全生命周期财务管理。

核心技能包括：①产品规划及投资财务管理；②产品研发财务管理；③产品周转管理；④产品质量成本管理；⑤产品最佳财务实践管理。

（二）营销财务管理

CFO 需要通过营销财务开展对营销过程的财务管理，如合同商务管理、客户相关财务管理、销售费用管理等工作。

核心技能包括：①商务合同财务管理；②营销费用管理；③客户信用及风险管理；④竞争对手财务及经营信息管理。

（三）供应链财务管理

供应链财务人员主要从事与企业经营中供应链相关环节的业务财务支持工作。CFO需要借助供应链财务实现对采购、生产、配送等相关业务环节的财务管理。

核心技能包括：①采购财务管理；②生产财务管理；③库存控制管理；④配送物流财务管理；⑤分销财务管理。

（四）项目财务管理

CFO需要关注以价值链划分的业务财务之外的另一个业务财务维度，即项目维度。项目财务是从另一个视角与产品、销售、供应链财务进行矩阵式协同的业务财务。

核心技能包括：①研发项目财务管理；②市场推动项目财务管理；③售前/销售项目财务管理；④工程项目财务管理；⑤实施交付项目财务管理；⑥管理支持项目财务管理。

（五）海外财务管理

对于开拓海外市场的企业来说，CFO还需要高度关注海外财务管理工作，特别是对于新进入的国家，海外财务的支持能力显得尤为重要。

核心技能包括：①国家财税政策管理；②海外机构综合财务管理。

（六）业务财务一体化管理

CFO需要始终保持对业务财务一体化的关注度和警惕性，通过加强业务财务一体化管理，实现有效的业务与财务核对管理，提升业务与财务的一致性水平。

核心技能包括：①业务财务一体化的制度及流程管理；②业务财务对账管理；③业务财务一体化系统管理。

四、财务共享服务基础能力框架

（一）财务共享服务中心设立管理

财务共享服务在中国的发展已经超过了二十个年头，如今，大中型企业已普遍将财务共享服务中心作为标配。因此，CFO 需要全面了解财务共享服务的模式，从而有效地开展建设。

核心技能包括：①财务共享服务中心立项；②财务共享服务中心战略规划；③财务共享服务中心建设方案设计；④财务共享服务中心实施；⑤财务共享服务中心业务移管。

（二）财务共享服务中心组织与人员管理

财务共享服务中心是一种基于大规模生产的运营管理模式，对组织和人员管理都有较高的要求，CFO 应当关注财务共享服务中心的组织效率和人员的稳定性、成长性。

核心技能包括：①财务共享服务中心组织职责管理；②财务共享服务中心岗位及架构管理；③财务共享服务中心人员招聘；④财务共享服务中心人员培训及发展；⑤财务共享服务中心人员考核；⑥财务共享服务中心人员保留。

（三）财务共享服务中心流程管理

流程管理是财务共享服务管理的精髓，CFO 应当关注财务共享服务中心端到端的流程体系建设及流程维护、持续优化，以提高流程管理的效率，降低流程管理的成本。

核心技能包括：①财务共享服务中心流程体系定义；②财务共享服务中心标准化流程设计；③财务共享服务中心标准化流程维护和执行监控；④财务共享服务中心流程持续改进。

（四）财务共享服务中心运营管理

财务共享服务中心需要有效地运营以创造价值，CFO 需要对运营管理中的核心职能予以关注。

核心技能包括：①财务共享服务中心绩效管理；②财务共享准入管理；③财务共享

服务等级协定（service level agreement, SLA）及定价管理；④财务共享人员管理；⑤财务共享风险与质量管理；⑥财务共享信息系统管理。

（五）财务共享服务中心外包及众包管理

外包和众包是财务共享服务模式的延伸和补充，CFO 需要关注应如何进行外包、众包与共享服务之间的选择决策。同时，对外包和众包的管理也需要有特定的模式。

核心技能包括：①服务模式战略管理；②外包供应商选择管理；③外包商交付管理；④众包平台搭建；⑤众包平台用户获取、服务及管理；⑥外包及众包风险管理。

五、财务通用支持基础能力框架

（一）财务组织、人员管理

对于 CFO 来说，建设财务组织、培养财务队伍是责无旁贷的。因此，人力资源管理理论在财务领域的应用也是 CFO 需要掌握的知识领域。一个管理不好组织、团队和人员的 CFO，必然是一个不称职的 CFO。

核心技能包括：①财务的分层治理机制；②财务组织架构及岗位设计；③财务团队及干部管理；④财务人员绩效管理；⑤财务培训及知识管理。

（二）财务信息化及智能化管理

对于现代的 CFO 来说，财务信息化和智能化管理已经是不可或缺的技能。财务的大量工作都是建立在信息系统基础之上的，因此掌握信息系统是十分必要的。而在未来，财务的大量工作还会进一步被系统取代。可以说，不懂信息系统的 CFO 在未来根本无法生存。

核心技能包括：①财务信息化团队建设；②财务产品设计及系统架构；③财务与 IT 之间的沟通管理；④财务大数据技术；⑤财务自动化及智能化技术。

第二节　智能时代财务人员的择业模型

智能时代的来临，对整个社会包括财务人员的影响是全面且深远的。在这样的环境下，财务人员的择业观也被影响着。面对未来，财务人员有三种选择——不变、远离或拥抱。选择本身没有对错之分，但财务人员在作出不同选择的时候，都需要给自己找到适应智能时代环境的新择业标准，这将从某种意义上改变财务人员的职业生涯。

在智能时代，财务不断发生改变，财务人员会不可避免地受到一定的冲击，也必须面对认知的升级。无论是高级管理人员、财务经营分析人员、预算管理人员还是会计运营人员，都必须面对这种改变。

这也引发了不少财务人员对未来职业发展的担忧，关于人工智能是否会取代财务人员的讨论也成为被热议的话题。2017年4月底，在全球移动互联网大会上，李开复与霍金展开了隔空对话。霍金认为："对于人工智能的崛起，其好坏我们仍无法确定，现在人类只能竭尽所能，确保其未来发展对人类和环境有利，人类别无选择。"李开复则提出这样的问题："我们要看到，人工智能要取代50%的人的工作，在未来10~15年间，这些人怎么办？还有更重要的，教育怎么办？"可以说，在智能时代，有些问题已不是我们能决定是否面对，而是只能思考如何面对。

目前，在职场中生存的财务人员，已经难以想象终身服务于一家企业。择业，本就是一件不可回避的事情，而智能时代的择业将伴随着更加困难的抉择。

一、智能时代财务人员的三种选择

在智能时代，财务人员面对整个社会变革、新技术的挑战能作出的选择无外乎"拥抱""远离""不变"三种。

"拥抱"是一种迎接挑战的态度。尽管意识到智能时代会带来空前的挑战，但总有一些人愿意成为这场变革中的主导者和生力军。

"远离"是一种避开风险的态度。如果知道自己没有办法成为"拥抱"的那一群人，也意识到智能时代可能会促使现在的工作内容走向消亡,就应当尽早远离现在的岗位,重新规划自己的未来,找到智能时代的避风港。

"不变"是一种以静制动的态度,即在难以作出清晰判断的时候,静观其变,并在坚守中慢慢寻找自身的定位。但需要注意的是,在智能时代社会快速变化的大环境下,静守未必是好的选择,即使选择观望,也应当尽早作出适合自己的关于"拥抱"还是"远离"的判断。

二、影响选择的因素

财务人员终究要在智能时代作出选择,影响选择的因素主要包括以下四个方面。

(一)人工智能对其所处行业及公司的影响

首先,在进行"拥抱"或"远离"的评估时,财务人员需要关注所处的行业以及行业内的公司在智能时代将受到怎样的影响。在智能时代,社会各方面不断发生改变,有些行业和公司会兴起,而有些行业和公司会走向衰退。财务人员的职业发展本就依托于其所在公司的发展。当财务人员谈论智能时代的"拥抱"或"远离"策略时,第一件事就是对自己所在公司的未来作出判断。要想知道什么样的公司能够在智能时代兴起,财务人员可以读一读这方面的畅销书,吴军的《智能时代》、李彦宏的《智能革命》以及李开复的《人工智能》都是不错的选择。

(二)人工智能对其所在环境竞争性的影响

人工智能的出现会改变我们所在环境的竞争格局。对于有些公司来说,智能时代的到来,有可能会让整个公司内部的竞争环境变得非常宽松,员工的焦点都在如何进行有效的合作上,并积极参与市场开拓。在这类公司中,每一个员工都会感受到自身存在的价值。在这种情况下,财务人员可以考虑采用"拥抱"的策略。而另一些公司在智能时代可能面临强大的压力,需要通过压缩成本、强化内部竞争来获得生存空间。在这样的环境中,如果不愿意忍受环境的竞争性,财务人员则不妨选择"远离"的策略。

（三）个人能力与智能时代要求的适合性

智能时代的财务技能需求相比于传统技能需求有较大变化，如注重信息技术能力、建模能力、创新能力的提升等。财务人员如果期望在对智能化技术大力推崇且形成了趋势性文化环境的公司内获得成功，就要对自己的存量能力和增量学习能力进行客观的评估，对自己在未来是否有能力应对更全面的技能要求有清晰的认识。能够做到这一点的财务人员可以选择"拥抱"的策略，不能做到这一点的财务人员可以选择"远离"的策略。

（四）个人对人工智能风险和挑战的喜好

智能时代的财务择业与以往相比会有更多的不确定性。技术的不确定性带来商业模式的不确定性，进而带来企业和行业的不确定性，这意味着存在一定风险。在这样一个充满风险和挑战的时代，财务人员选择"拥抱"还是"远离"，在很大程度上和每个人对风险和挑战的喜好有关系。并不是说喜好风险和挑战就一定是好事情，如同投资决策中的风险厌恶程度，喜好只是喜好，并不存在对错之分。

财务人员在结合上面几个因素进行综合评估后，或许能够对自己在智能时代的"拥抱""远离"作出大致的判断和选择。

三、智能时代，财务人择业的"拥抱"模型和"远离"模型

财务人员在智能时代的"拥抱"或"远离"并没有对错之分，重要的是在决定了"拥抱"或"远离"后，能有一个合适的方法进行下一步的职业选择。因此，笔者要在这里对财务人员择业的"拥抱"模型和"远离"模型进行分析。

（一）关于评估维度

1.平台

对于平台这个维度，我们要评估的是择业对象是大型企业集团，还是中小型公司或创业公司。不同规模的公司创造和应用智能化技术的可能性是不同的，公司规模越大，

创造和应用智能化技术的可能性就越大。

2.技术实力

在这个维度下，我们主要看一家公司在大数据、人工智能、云计算等方面是否具有技术能力方面的显著优势。具备技术能力的公司可能有两种：一种是使用这些技术来支持自身的主业发展的大公司；另一种是以这些技术为核心的中小型公司或创业公司。总体来说，技术实力越强，在财务领域应用智能化技术的可能性就越大。

3.行业

这里所说的行业关注的并不是行业在当前是否兴盛，更多的是关注行业是否能够从智能革命的浪潮中获得业务发展的技术红利。一个具备技术红利的行业必将积极主动地应用智能化技术。

4.财务交易规模

这里选择财务交易规模这一维度，而不选择公司业务规模的原因在于：对于财务来说，规模巨大的公司未必就一定有大量的财务交易。对于智能化技术在财务中的应用来说，财务交易规模和财务数据量巨大才是至关重要的。

5.待遇

待遇，在这里主要指付给员工的薪酬。在择业模型中，待遇是必须谈的。这里将待遇划分为高、中、低三个等级，"拥抱"和"远离"模型主要看的是最低容忍度。

6.未来的发展

对于择业者来说，要考虑的是现在的工作能够帮助自己未来进入怎样的公司、平台，如果和自己的职业规划是一致的，那么可以作为择业模型的加分项，否则将成为扣分项。

（二）"拥抱"模型下的选择

在"拥抱"模型下，财务人员对以上这些维度应当作出怎样的选择呢？

对于平台，选择大型企业集团，在财务实践中有更多的机会涉足智能化技术。

对于技术实力，选择具有技术优势的公司，能够享受到技术红利，有利于财务人员在使用较低成本的情况下展开智能应用实践，也使财务智能化应用有了更早实现的可能。此外，智能化技术还可以与平台优势形成合力，进一步扩大在财务中的使用范围。

对于行业，选择进入金融、零售、通信运营等高度需要智能化技术的行业，有可能更快地接触到智能化技术的应用计划。同时，这些行业对智能化技术具有更好的认同度，能够营造出良好的创新氛围。

对于财务交易规模，有大规模财务交易的行业是更好的选择。智能实践是建立在先进的数据技术之上的，没有财务的大数据技术，就没有智能化。

对于待遇问题，如果选择"拥抱"智能，则可能作出一些牺牲。较好的情况是能够获得中等待遇，能够获得高待遇当然更好。最重要的是，即使待遇偏低，财务人员也不妨考虑一下综合收益，即虽然在短期内待遇偏低，但有可能在未来的成长中获得快速弥补。在职业发展上，笔者一直坚信长期利益比短期利益更重要。

在未来的发展中，"拥抱"智能的发展机会在于进入更大的公司，或者自行创业，积累一笔宝贵的经验和财富。

（三）"远离"模型下的选择

在"远离"模型下，财务人员对以上这些维度又该如何选择呢？

在平台方面，核心诉求是规避智能化技术造成的职业风险。因此，选择中小型公司有更多的逃离智能风险的机会，这些公司轻易不会使用价格昂贵的智能化技术。

从技术实力来看，财务人员需要小心的是以智能化技术为主业的中小型公司或创业公司。这些公司往往不会放过任何拿自己的员工做智能实验的机会，财务人员一不小心就会成为智能实验对象。

对于行业，财务人员要绕开"拥抱"模型下的那些优选公司，如避免进入金融、零售行业。选择传统行业会相对安全一些。

就财务交易规模而言，财务人员要选择规模小的公司。这些公司的领导层想的是如何通过人去解决问题，而不是用机器来替代人。

在待遇方面，择业的财务人员应当积极寻求中等以上收入的职位，如果职位的收入较低，则应果断放弃。

在未来的发展方面，财务人员可以选择小而全的公司，这些公司往往有不错的潜力，有机会迅速成长并成功上市。

第三节 智能时代财务人员职业再规划与发展的策略

一、财务基础岗位向高级岗位转型

（一）向管理会计转型

在智能时代，在财务机器人普及和大量财务软件上线运行的情况下，企业的财务岗位将会得到削减和整合，市场上的财务岗位总数将会逐年缩减，社会对财务从业人员的需求也会有所降低，其中受到突出影响的是从事基础核算工作的财务人员。对于这部分财务人员来说，为了不被历史发展潮流所淘汰，就需要及时更新自身的知识结构，提升自身的价值，以求适应智能时代的财务管理需求。结合当前财务人员的基本情况和企业发展的现实需要，财务人员最理想的转型之路就是由财务会计尽快转型为管理会计。在智能时代，企业对管理会计的需求量会与日俱增。众所周知，管理会计需要具备洞察未来和指引决策的能力、管理风险的能力、建立道德环境的能力，还需要具备管理信息系统和与他人合作达成组织目标的能力。管理会计要重视数据分析，明确管理数据与财务数据的区别。管理数据不同于财务数据，它是企业基础核算数据整合之后形成的，对企业战略发展具有指导意义的信息，包含企业基础信息、财务数据、业务数据、业务信息等相关内容。企业对传统会计数据进行分类，更接近于企业的业务活动和管理要求，也能反映企业管理中所有环节的投入与产出关系。对于业务部门来说，这样的会计核算大大增强了成本控制的责任感。

（二）向国际会计转型

在智能时代，大中型企业和跨国企业的业务范围和投资领域将会再次扩展，更多的企业将会走出国门与其他国家和地区的市场主体开展广泛而深入的合作。因此，财务人员要具备广阔的国际视野，不仅要了解投资目的地的风土人情和政策法规，还要了解和掌握投资目的地的财政税收情况和会计核算、利润分配、投资收益分配、税收返还、优惠政策等多个方面的专业知识，从财务管理和成本控制的角度为企业发展提供必要的技术和财务支持。从全球化发展的角度分析，财务行业的发展越来越国际化，需要财务人员具备一定的国际管理能力，如具备商务英语理解沟通能力、职业判断与决策能力、风险控制能力及管理能力。英文水平比较高的财务人员可以参加一些与国际税法相关的培训课程，对国际税法进行系统的学习。具备专业的财务知识和技能、拥有较高的英语运用能力、精通国内和国际税法的财务人员将是顺应未来发展趋势的财务人才。

二、财务人员自觉提高职业胜任能力

（一）加强人际沟通

要在工作上取得成就，实现自己的职业规划，仅仅有硬实力还不够，还需要足够的软实力，即良好的人际沟通交流能力。企业内部的良好沟通可以提高工作效率；营造良好的工作氛围，使员工友好相处；使员工明白目标差异，从而调整各自的行为，进行有效的合作。财务人员通过与上级和同事的交流沟通，可以进一步了解自身的不足，并不断完善自我。

（二）充分利用职业再培训提高自身能力

财务人员要利用业余时间参加财务专业培训，考取财务职称证书，抓住每个学习和培训的机会，努力增加自己的职业知识积累，提高职业技能。随着财务行业政策、制度、技术、方法的不断更新，财务人员在履行基础岗位职责的前提下，必须不断学习，通过多种渠道，丰富自己的知识，提高各项工作技能，使自己的知识和能力能够应对不断变化的环境，进行动态的职业规划，合理利用财务资源和创新管理机制。

（三）做到业务财务一体化，培养全局观念和战略规划能力

财务人员既要了解财务专业知识，也要熟悉企业的经营业务，了解所在企业的行业

类型及特点，对企业进行业务流程再造和资源整合。财务人员还要提高自己的控制能力和职业判断能力，对未来的业务作出合理的分析和判断。身处企业相对独立的部门，财务人员必须站在全局的角度，客观公正地看待所有的经营问题，不仅要关注财务报告数据，还应结合宏观经济和行业形势，从更广阔的视野和更长远的角度来分析决策，使资源配置更加合理。此外，财务人员还应培养战略规划能力，财务工作应该围绕企业目标，服务于企业的战略。

（四）培养独立分析的能力和风险管理意识，完成企业流程优化

财务人员要充分利用财务专业知识对企业进行风险控制，通过分析财务数据，洞察企业可能存在的经营风险和财务风险。财务人员需要从业务的角度来探讨项目的可行性，并通过对项目的可行性进行事前评估，分析企业的业务发展趋势和相应的资源配置问题。在一些发展到一定规模和水平的企业中，业务非常复杂，审批流程非常烦琐。为了使企业中的审批流程更加顺畅便捷，管理需求与财务控制之间需要达到一个平衡。因为如果设定一个烦琐的审批流程，审批工作的效率就会降低，但是如果审批过程过于简单，风险监控就可能出现漏洞。这就要求财务人员自觉熟悉整个过程和状态，对各系统的关联性进行设计和优化，对风险进行预先评估和漏洞管理，实施有效的控制措施，提高审批系统的效率，优化企业流程。

三、财务人员主动拓展职业发展类型

（一）向投融资岗位转型

企业在发展过程中，往往涉及投融资相关业务，而财务人员是企业的核心人员，熟悉企业经营情况，对投融资拥有一定的建议权。财务人员可以从企业会计准则、证券金融、财务管理、内部控制、经济热点等方面入手，努力增强对宏观经济学、金融学、市场营销学等相关领域知识的研究，增强自己对投融资工作的理解，通过不懈的努力，使自己的投融资能力不断提高，由原来的会计专业人才向企业投融资管理型人才转变。

（二）向企业主转型

财务人员可以充分利用各种资源和平台学习与创业相关的知识，有意识地参加一些与目标行业相关的培训课程，了解目标行业的信息，不断为自己创业打下基础。财务人员还要培养自己良好的心理素质，培养自己独立思考和独立行动的好习惯，并充分认识自己的知识结构，制定适合自己的发展计划和目标，为实现目标而不断努力。

（三）向职业经理人转型

财务人员在熟悉企业工作的前提下，可以利用业余时间参加工商管理培训课程，充分学习管理学相关课程的内容并掌握与职位相关的工作技巧。财务人员还可以学习心理学，拓宽知识；学会分析企业和整个行业的发展趋势，随时关注国家的宏观经济政策；不断提高英语水平，使自己的知识不断更新，在工作和学习中快速成长。

（四）将财务专业知识与人工智能技术相结合，向人工智能的线下管理者转型

在知识更新换代不断加快的时代，财务工作也处于不断变化的状态，因此财务人员不仅要掌握基本的理论知识，还需要通过多渠道学习新科技知识和技能，迎接人工智能带来的新挑战，学习和掌握人工智能相关技术，将财务专业知识与人工智能技术相结合，辅助人工智能系统开发和升级，更高效地履行财务人员的工作职能。

（五）尝试跨领域发展转型

财务人员要突破财务专业的局限，接受跨专业的转型和学习，拓展职业发展空间。财务人员可以根据自己的兴趣爱好和工作经历选择从事销售、技术、人力资源等工作，通过不同专业之间的交流学习，增强对自己职业生涯发展方向的认知。

四、财务人员应加快打造自身软实力

（一）加快成长为复合型人才

在智能时代，企业财务人员面临的失业风险将会大大增加，工作流程的简化和工作强度的逐步降低使财务人员不得不主动参与企业经济事项决策，并为决策人员提供专业性的财务意见和建议。在税收筹划、投资方案拟定、内部控制、风险指引和防控措施制定、收入预测、投融资决策等方面依靠自身的专业知识，切实提升资本运作和资金管理水平，以专业财务人员的视角参与企业经济事项决策，加快成长为复合型人才就成了当前财务人员的现实所需，也是智能时代企业发展的必然选择。财务人员不但要掌握更多的财经理论知识，而且要能够在实际操作过程中将理论与实践相结合，用理论指导实践，依靠分析提炼的财务数据，分析和总结企业应当采取的财务管理措施、战略性业务拓展措施和会计核算政策。

（二）掌握必要的大数据管理和集权化财务管理知识

在智能时代，市场竞争将会更加激烈，企业对所聘用的财务人员的要求将会一再提高，在会计核算尤其是账务处理全程自动化的基础上，财务分析与决策的精准化和智能化是企业发展的必然需求，这些都需要充分依托大数据分析。因此，财务人员需要掌握必要的大数据管理的相关知识，能够在庞杂的基础数据中提炼出企业发展所需的财务数据，进而制定出适合企业发展的财务政策。在智能时代，传统的会计岗位将会大大缩减，企业财务人员将会更加集权，实现信息共享和财务处理规范化、标准化、便捷化。财务人员除了需要学好财务相关知识，还需要不断拓展自己的视野，努力提升自己综合运用知识的能力，重视人际关系的培养，发挥工作主动性和积极性，充分利用各种机会锻炼自己，积累丰富工作经验，为以后的职业生涯发展打下坚实的基础。在智能时代，只有通过对数据进行分析，了解数据背后的信息，才能将其转化为对企业有用的经营决策。财务人员要将互联网和财务工作相结合，用财务专业思维分析和思考问题，主动分析经济形势，积极顺应社会发展形势，转变自身职能，提高自己的核心竞争力，不断提升自身素质。

除了上述措施，企业也需要参与财务人员的职业生涯规划，不断完善人力资源管理相关制度，与财务人员建立良好的沟通渠道；加强对财务人员的职业指导和辅导，提高财务人员的工作效率；建立职业生涯管理体系、职业生涯管理保障体系，并对职业生涯管理体系实施过程进行管理；把财务人员个人的职业生涯规划作为企业战略发展的一个重要组成部分，协调个人职业目标和组织发展目标，使其共同发展，以形成更有凝聚力的企业合作伙伴关系，更有效地调动财务人员的工作积极性；从以人为本的角度出发，关注财务人员职业发展诉求，拓展其职业发展空间，满足其不同阶段的需求，使财务人员的岗位能力和价值得到更好的发挥；指导财务人员全面系统地掌握专业管理知识，并积极扩大和培训运行管理、风险控制等相关业务，从理论知识、管理要点、协调实践等多个维度出发，提高财务人员对企业风险和经营业务的全面理解能力。

第四章　智能时代影响财务的新信息技术

第一节　财务管理和大数据

如果问智能时代是从何时开启的，那么大数据应当算作一个重要的起点。笔者对大数据的理解是从两本书开始的。一本是维克托·迈耶-舍恩伯格（Viktor Mayer-Schönberger）和肯尼思-库克耶（Kenneth Cukier）的《大数据时代》，这本书将人们带入了一场思维革命中，很多观念的颠覆都是它带来的；另一本是涂子沛的《大数据：正在到来的数据革命，以及它如何改变政府、商业与我们的生活》，这本书通过讲述美国半个多世纪的信息开放、技术创新的历史，从另一个角度点燃了人们对大数据的社会化认知的热情。

时至今日，当我们再说起大数据的时候，每个人或多或少都有一些认识，而在各行各业的商业活动中，大数据也成为重要的支持工具。尽管如此，这么多年以来，财务作为一个以运用数字作为看家本领的专业，对大数据的认知仍然不够深刻，对大数据技术的实践也有不足。重新认识大数据、挖掘财务在其中的应用场景仍然是一件重要且紧迫的事情。下面笔者从大数据的含义、大数据的特征、财务对大数据理解的误区、财务实现大数据应用的条件基础、大数据在财务领域的应用五个方面来分析财务管理和大数据。

一、大数据的含义

从理论上来说，大数据是指无法在一定时间范围内用常规软件工具进行捕捉、管理和处理的数据集合,是需要新处理模式才能具有更强的决策力、洞察发现力和流程优化能力的海量、高增长率和多样化的信息资产。

但是谈大数据,单讲理论概念是没有意义的,笔者比较认同《大数据时代》一书对大数据的理解。在这本书中,作者提出了在思维上大数据带来的"更多""更杂"和"更好"三个理念。下面谈一谈笔者自身对这三个理念的理解。

"更多"说明大数据不是随机样本,而是全体数据。这个是比较容易理解的。早期的计算机处理能力并不富足,并没有条件去进行大数据量的运算,很多时候只能通过抽样的方式来进行选择性处理,并通过样本来推断总体情况。虽然统计学的发展为抽样模式提供了支持,但当有条件的时候,直接进行总体分析显然是好于样本推断的。因此,大数据在具备技术条件后,第一时间选择使用总体替代样本。

"更杂"讲的不是精确性,而是混杂性。这里所说的"精确"重点在于结构化数据,结构化数据是指可以用二维表结构来表现的数据,严格地遵循数据格式与长度规范。非结构化数据就是这里所说的"混杂",是指数据结构不规则或不完整、没有预定义的数据模型、不方便用数据库二维表来表现的数据,包括所有格式的办公文档、图片等。财务最常接触的原始凭证属于哪一类不能一概而论,要看那些原始凭证能否用一定的结构规则来表达。比如增值税发票,它的每个位置都是有固定含义的,它可以转换为二维数据,从这个意义上讲,它是结构化数据;而合同大多是非结构化数据。精确的结构化数据在所有数据中所占的比例是很小的,而大量的数据都是非结构化的,如果无法处理非结构化数据,就无法谈论大数据的"大"。

"更好"说的是大数据关注的并不是因果关系,而是相关关系。大数据讲究实用主义,追求数据之间的相关性,通过相关性来建立模型、寻找规律。

二、大数据的特征

大数据除了具有典型的 4V 特征(Volume、Variety、Value、Velocity),即体量巨大、类型繁多、价值密度低、处理速度快等特征,还具有采集手段智能化、预测分析精准化等特点。

（一）数据体量巨大

大数据最显著的特征是数据量巨大，一般关系型数据库处理的数据量在 TB 级，大数据所处理的数据量通常在 PB 级以上。随着信息化技术的高速发展，数据呈现爆发性增长的趋势。导致数据规模激增的原因主要包括以下几个：第一，随着互联网的广泛应用，使用网络的人、企业、机构增多，数据获取、分享变得相对容易；第二，各种传感器数据获取能力的大幅提高，使得人们获取的数据越来越接近原始事物本身，描述同一事物的数据量激增；第三，数据来源广泛，社交网络（如微博等）、移动设备、车载设备等都成为数据的来源。

（二）数据类型繁多

大数据所处理的计算机数据类型早已不是单一的文本形式或者结构化数据库中的表，它包括订单、日志、微博、音频、视频等各种结构复杂的数据。以最常见的 Word 文档为例，最简单的 Word 文档可能只有寥寥几行文字，但也可以混合编辑图片、音乐等内容，成为一份多媒体的文件，增强文章的感染力。这类数据属于非结构化数据。与之相对应的另一类数据，就是结构化数据。这类数据可以简单地理解成表格里的数据，每一条都和另外一条的结构相同。与传统的结构化数据相比，大数据环境下存储在数据库中的结构化数据仅占约 20%，而互联网上的数据，如用户创造的数据、社交网络中人与人交互的数据、物联网中的物理感知数据等动态变化的非结构化数据约占 80%。数据类型繁多、复杂多变是大数据的重要特性。

（三）数据价值密度低

大数据中有价值的数据所占比例很小，大数据的价值性体现在从大量不相关的各种类型的数据中，挖掘出对未来趋势与模式预测分析有价值的数据。数据价值密度低是大数据关注的非结构化数据的重要属性。大数据为了获取事物的全部细节，不对事物进行抽象、归纳等处理，直接采用原始的数据，保留了数据的原貌。这使得人们可以分析更多的信息，但也引入了大量没有意义的信息，甚至是错误的信息，因此相对于特定的应用，大数据关注的非结构化数据的价值密度偏低。以当前广泛应用的监控视频为例，在连续不间断监控过程中，大量的视频数据被存储下来，其中许多数据可能是无用的。

但是大数据的数据价值密度低是指相对于特定的应用，有效的信息相对于数据整体是偏少的，信息有效与否也是相对的，一些信息可能对某些应用来说是无效的，对另外一些应用来说则是关键的信息，数据的价值也是相对的。

（四）数据处理速度快

处理速度快是指数据处理的实时性要求高，支持交互式、准实时的数据分析。传统的数据仓库、商业智能等应用对处理的时延要求不高，但在大数据时代，数据价值随着时间的流逝而逐步降低，因此大数据对处理数据的响应速度有更严格的要求。实时分析而非批量分析，数据输入处理与丢弃要立刻见效，几乎无延迟。数据呈现爆炸式快速增长，新数据不断涌现，这要求数据处理的速度相应地提升，从而使大量的数据得到有效的利用，否则不断激增的数据不但不能为解决问题带来优势，反而成了快速解决问题的负担。数据的增长速度和处理速度是大数据高速性的重要体现。

（五）数据采集手段智能化

大数据的采集往往是通过传感器、条码、射频识别（radio frequency identification, RFID）技术、全球定位系统（global positioning system, GPS）技术、地理信息系统（geographic information system, GIS）技术等智能信息捕捉技术获得，这体现了大数据采集手段智能化的特点，与传统的人工搜集数据相比更加快速，获取的数据更加完整真实。智能采集技术使人们可以实时、方便、准确地捕捉并且及时有效地进行信息传递，这将直接影响整个系统运作的效率。

（六）数据预测分析精准化

预测分析精准化是大数据的重要特征之一。人们可以通过智能数据采集手段获得与事物相关的所有数据，包括文字、数据、图片、视频等类型多样的数据，利用大数据相关技术对数据进行预测分析，得到精准的预测结果，从而可以对事物的发展情况作出准确的判断，获得更大的价值。

三、财务对大数据理解的误区

只有明白正在发生怎样的误读误用,才有机会更好地发现新的、有价值的大数据应用场景。

(一)将传统财务分析强行定义为大数据

这一点是最常见的误区。一些企业的财务人员在接触到大数据这个概念后异常兴奋,似乎全部都成了大数据专家,认为他们从事的传统财务分析工作是大数据应用的典范。这是一个典型的"概念炒作型"认知误区的案例。

大数据的特征和传统的财务分析工作特征显然是不同的。传统的财务分析更多的是在有限的结构化数据基础上基于因果关系的分析,如果把原来在做的工作简单地强行定义为大数据,则说明对大数据的理解还是不够深入的。当然,这里也不乏一些企业在进行迎合性的过度炒作。

(二)认为使用 Hadoop 等大数据技术架构就是实现了大数据

受制于对大数据认知的不足,一些企业的财务人员在接触到大数据这个概念后,开始有所动作,但他们认为大数据是一个纯粹的技术问题,以为只要使用了大数据的技术架构,将原先的财务数据和业务处理进行技术迁移,就实现了大数据的价值。

Hadoop 等大数据技术架构仅仅是工具,它们能够帮助财务人员在找到大数据的应用场景后,更好地实现这些场景,而不是创造场景。

(三)认为靠现有财务管理模式下的数据就可以做大数据

还有一些企业的财务人员对大数据的数据基础估计不足。不少人认为,只要能够把现有的财务数据,比如会计核算数据、预算数据、经营分析数据、管理会计数据充分利用起来就能够实现大数据的价值。

当然,如果财务要走上大数据的道路,那么这些现有的数据是非常重要的,也应当被优先充分利用起来。但是必须意识到,这些数据基本上还是以结构化数据为主的,并且局限在企业内部。如果想充分发挥大数据的优势，获得超出其他企业的竞争优势，就不应当局限于此，而应当充分纳入企业内部的非结构化数据，以及社会化数据，通过更为广义的数据基础来进行财务数据应用，从而实现预期的价值产出。

四、财务实现大数据应用的条件基础

财务要实现大数据应用，就需要设法夯实相应的条件基础。

（一）技术的基础

虽然我们再三强调，大数据并不仅仅是技术的事情，但不得不承认，没有技术是万万不行的。虽然Hadoop已经确立了其作为大数据生态系统基石的地位，但市场上依然有不少Hadoop的竞争者，一些新的产品也在不断涌现。

（二）人力的基础

大数据的应用，在技术背后还增加了对人力的新的需求。一方面，对高水平的数据分析师的需求增加了；另一方面，对基础数据处理人力的需求也增加了。对于高水平的数据分析师，企业既可以通过鼓励现有的财务分析人员提升转型获得，也需要进行有针对性的人才招募。而在基础数据处理人力方面，数据工厂被提上议程，基于财务共享服务模式的数据中心可能是解决日常数据管理的核心力量。

五、大数据在财务领域的应用

（一）依靠大数据提升财务的风险管控能力

首先，大数据在风险管控方面相对于传统风险管理模式有更高的应用价值，这种价值体现在能够看见在传统风险管理模式下所看不见的风险。其实，在金融业务领域，已经有非常广泛的利用大数据进行风险管控的案例。而在财务领域，我们希望利用大数据来实现一些相对模糊但是有控制价值的风险发现，以及能够进行财务风险事项的分级。

一种应用是风险发现。大数据通过纳入非结构化数据并进行相关性分析，能够发现一些风险事件的可能特征，并根据这些特征进行潜在风险线索的事前预警或事后警示。在这种应用场景下，不需要大数据告诉我们哪里一定有问题，只要提示哪里可能有问题就足够了。而这种提示本身并不存在必然的因果关系，仅仅是大数据在进行相关性分析后的产物。

另一种应用是财务风险事项的分级。这里的风险事项可能是一份报销单据，也可能是一次信用评价。只要分析对象需要进行风险分级，都可以考虑使用大数据技术来实现。企业可以针对分级后的风险事项采用不同程度的应对策略，从而做到高风险事项严格控制，低风险事项低成本应对处理。

（二）依靠大数据提升预算中的预测和资源配置能力

在预算管理循环中，非常重要的两件事情是根据历史和现状，综合企业自身、行业和竞争对手三个维度，对未来进行预测以及对资源进行有效的投放。而大数据恰恰可以在预测和资源配置这两个方面发挥其自身优势，带来传统预算管理难以实现的应用价值。

第一，预测能力的提升。传统的财务预测主要是利用结构化数据，构建预测模型，对未来的财务结果进行预测。而使用大数据技术时，预测的数据基础可以扩大到非结构化数据，市场上的新闻、事件、评论等都可以成为预测的数据基础。特别是在引入大数据后，预测模型中的假设很可能发生意想不到的变化，这使得预测具有更高的可用性。

第二，资源配置能力的提升。在传统模式下，编制预算进行资源配置时，财务人员的决定往往受业务部门的影响。而大数据的出现，能够让财务人员形成一定的判断能力。例如，财务人员可以基于大数据对相关产品市场热点、竞争对手的动态进行分析，将这些分析结果与产品部门的说法进行印证，对于是否该继续加大产品投入或者是否该改变产品的设计方向都有可能形成不一样的判断和结论。

（三）依靠大数据提升经营分析的决策支持能力

经营分析的核心在于设定目标，进行管理目标的考核，并对考核结果展开深度分析，以帮助业务部门进一步优化经营行为，获得更好的绩效结果。在这样的一个循环中，数据贯穿其中并发挥着重要的价值。

传统的经营分析模式往往面临数据量不足、依赖结构化数据、关注因果关系等问题。大数据技术有助于提高经营分析的决策支持能力。

在传统方式下，企业主要是通过分析自身历史数据、行业数据以及竞争对手数据，再结合自身战略来设定目标的。因此，目标是否合理在很大程度上依赖于参照系数据的可用性。大数据能够将整个社会、商业环境都转化为企业的竞情分析基础，帮助企业更好地认清自身情况，更加客观地看清行业情况和竞争态势。在这种情况下，目标的设定将更为客观、合理。

而在事后对目标达成情况的解读上，和传统财务模式相比，大数据基于其对相关性的挖掘，能够找到更多靠传统财务思维无法解读的目标结果相关动因。而针对这些新发现的动因的管理，有可能帮助业务部门获得更加有效的建议。

大数据和财务的结合将具有承上启下的重要意义：面对过去，能够更好地解决财务的遗留问题；面向未来，能够为人工智能和机器学习奠定基础。

第二节 财务管理和云计算

在讲到智能时代改变财务的核心技术的时候，不得不谈到云计算的概念。云计算在智能化技术的体系中就如同电力系统，能够为其他技术的应用提供充足的算力支持。

云计算并不是一个简单的概念，它一直存在多种形态。而市场上很多厂商的产品往往只针对其中一两个领域，所以这些厂商在宣传云计算的时候，往往会站在自身产品的立场，将公众对云计算概念的理解向对自身有利的方向引导。这为人们理解云计算的概念造成了困扰。

一、云计算的含义、模式及其与财务的关系

（一）云计算的含义及模式

美国国家标准与技术研究院（National Institute of Standards and Technology, NIST）认为：云计算是一种按使用量付费的模式，这种模式提供可用的、便捷的、按需的网络访问，进入可配置的计算资源共享池（资源包括网络、服务器、存储、应用软件、服务），这些资源能够被快速提供，只需投入很少的管理工作，或与服务供应商进行很少的交互。

一般而言，云计算的模式主要包括三种：基础设施即服务（infrastructure as a service, IaaS），平台即服务（platform as a service, PaaS），软件即服务（software as a service, SaaS）。IaaS 是云架构下技术上的硬件，比如网络、服务器等物理架构；PaaS 是云架构下的开发平台、数据库平台等；而 SaaS 是提供给客户在云架构下使用的软件应用，比如业务人员直接操作的 Oracle 系统。此外，笔者还看到有一种基于人员形态的云计算模式——人力资源即服务（human resource as a service, HRaaS）。

（二）云计算和财务的关系

1.IaaS 和财务

如果只使用 IaaS 的云计算模式，那么在前台的财务人员是感受不到的。因为这是一个物理架构的概念，我们可能使用的还是和原先本地部署的软件系统一样的系统服务，只是这些软件系统并不是部署在企业独有的服务器上，而是放在如电信云、阿里云或腾讯云之类的公共基础设施平台上。这种模式可以有效降低企业硬件的投入成本，而由于硬件是一种云集群的模式，在这个集群里的系统算力可以被均衡使用，这就有可能进一步提升系统性能。国内某个大型建筑央企就是把其财务系统搭建在电信云上，借助这种模式支持其数十万企业员工的财务应用。

2.PaaS 和财务

如果使用的是 PaaS 模式，那么财务人员同样感受不到什么，但开发人员就不一样了，他们不再使用本地开发工具和企业内部的数据库，而是租用一个云端开发平台。例

如，开发人员在阿里云上注册一个账号后，就能够看到阿里云中可以付费使用的开发工具，甚至可以部署机器学习的开发环境。对于规模不大的企业来说，特别是对于没有资金搭建大型复杂开发环境的企业来说，使用平台的成本比较低，而且能随时使用最新的平台技术。在 PaaS 模式下，开发平台成为即租即用的服务。

3.SaaS 和财务

与财务人员最密切相关的是 SaaS 模式。"软件即服务"是直译过来的说法，通俗点说，就是财务的应用系统并没有建在企业里，而是放在互联网上的云平台中。用户访问财务系统，就如同访问百度网页一样，从企业内部穿透到互联网上的某个系统里。而特别要注意的是，这个互联网上的财务系统并不是某一个企业独享的，很多企业共用这个财务系统，只是在权限和数据上进行了隔离。

4.HRaaS 和财务

HRaaS 也可以理解为财务共享服务的意思。云计算有五个特征：资源池、按需自助服务、快速伸缩、广泛的网络访问和按使用量收费。对照这五个特征，共享服务中心把人当成资源池；业务部门提单就是按需自助服务；业务比较多的时候，工作人员需要加班，业务比较少的时候，财务共享服务中心会进行培训和调休，这属于快速伸缩；各地分支机构向财务共享服务中心寻求集中服务，这属于广泛的网络访问；财务共享服务中心按件计价，这属于按使用量收费。与这五个特征统统匹配的财务共享服务中心被称为云服务中心。

二、财务实现与云计算的场景融合

对于企业财务来说，要实现云计算在财务中的应用就需要挖掘相关的应用场景。我们可以看到三种场景的应用，包括采用 IaaS 模式构建财务系统架构、使用基于 SaaS 模式的财务应用系统和以 SaaS 或 HRaaS 模式提供对外服务。下面分别分析如何实现这些场景的融合。

（一）采用 IaaS 模式构建财务系统架构

在大型企业中，如果使用本地部署模式来构建信息系统架构，就会使得 IT 架构越来越重，信息化成本逐年提升，从基础架构到开发、维护，每个环节都有大量的成本投入。对于国内进入世界五百强的大部分企业来说，每年都会产生高昂的财务信息化开支。而财务本身作为这些系统的重要业务应用者，是这些成本的直接承担者，最终会通过定价收费或者分摊的方式将这些成本进一步转嫁给服务对象。而在服务对象对收费越来越敏感的今天，控制成本、降低定价成为很多企业财务共同的压力。

将财务系统架构于 IaaS 模式之上，能够以较低的成本来实现基础架构的部署，能够以"轻"IT 的方式来实现财务信息系统的建设。

（二）使用基于 SaaS 模式的财务应用系统

SaaS 是在云计算中最容易被理解也最常被应用的一种模式，财务人员更是 SaaS 模式的直接使用者。在这种模式下，财务并不构建自己企业内的独有财务信息系统，而是选择租用第三方云服务产品。这种第三方产品的提供商需要对财务业务流程有深刻的理解，能够在产品设计时充分考虑到不同企业的差异化需求，并通过灵活的后台管理功能来实现快速配置部署。企业财务选择此类云服务产品的前提是，能够通过整体的信息化战略和信息安全评估。

目前，国内的一些产品厂商在尝试推出云服务产品，服务对象以中小型企业为主。

（三）以 SaaS 或 HRaaS 模式提供对外服务

一些企业的财务会尝试进行对外能力输出。这种能力输出有两种形态。

一种形态是将自身的管理经营积累转换为系统产品，并将产品面向社会提供服务输出。在这种情况下，输出方可以考虑采用 SaaS 的方式架构自身的产品，让用户通过租用的方式来使用产品，从而获得输出方所积累的管理经验。

另一种形态是财务共享服务中心对外输出，也可以简单理解为财务外包。在这种情况下，所提供的是基于 HRaaS 模式的对外服务。目前，代理记账市场也在向这种模式靠拢，一些目光长远的代理记账服务商已经在使用共享服务的管理模式，向大量的中小客户提供服务。

但这里需要特别强调的是，云服务产品的开发本身是一个高复杂性和高成本的事项。由于云服务系统需要满足用户的差异化需求，对其产品设计的可配置性和灵活性要求都是极高的。在技术上，要满足大并发的需求，对产品的性能也有较高的要求。同时，云服务产品还需要满足多操作平台、多浏览器兼容的需求，如果涉及移动端，对差异化移动平台的兼容则更加复杂。这些都会带来产品研发的高成本投入。

企业财务在考虑使用云计算提供 SaaS 模式系统服务的时候，需要考虑未来自身规模和发展能力，如果无法在经营上取得很好的投入产出结果，则应当慎重投资云服务产品。

第三节　财务管理和人工智能

一、重要的关系和基础概念

首先，我们需要搞清楚一些重要的关系和基础概念，比如机器学习与人工智能的关系、监督学习和无监督学习的概念等。只有明确了这些关系和概念，才有可能进一步理解为什么人工智能可以在财务管理中发挥作用并创造价值。

（一）机器学习与人工智能的关系

之所以要谈机器学习与人工智能的关系，是因为在现阶段，机器学习是人工智能的一个非常重要的分支。如果在谈人工智能时没有清晰地理解机器学习这个概念，就理解不了后面很多的应用场景，甚至出现理解偏差。

机器学习是科学家亚瑟·塞缪尔（Arthur Samuel）在 1952 年提出的，他将其定义为"可以提供计算机能力而无须显示编程的研究领域"。这一定义比较拗口，往往使人们搞不清楚机器学习到底在学什么。下面笔者通过具体的例子进行分析。

计算机处理事情的原理如下：在输入包含特征描述的信息后，计算机通过"算法"对这些输入的信息进行处理，并最终得到结果。如果这些结果回答了"是什么"，那么我们就把答案叫作"标签"。下面通过发票的例子来说明这个问题。

发票可以理解为一个输入项，"增值税""发票编号""发票联次""销方名称""购方名称""日期""金额"等，这些财务关注的重要信息都是"特征"。其实对于计算机来说还有很多特征，比如发票的形状、尺寸、颜色等。在这里，我们可以假设计算机最终要回答的问题是"这是一张增值税发票的抵扣联吗？"，那么答案"是"或者"不是"就是标签。而用来进行判断"是"或者"不是"的规则就是算法，这个算法往往和标签有着密切的关系，比如这样一个算法：具备"增值税"和"抵扣联"两个特征的发票＝标签"是"。

通俗地说，机器学习学的就是如何改进"算法"，旨在通过算法让机器从大量历史数据中学习规律，自动发现模式并用于预测。还是用上面的例子，现在的算法是：具备"增值税"和"抵扣联"两个特征的发票＝标签"是"。计算机通过学习，获得了第三个特征"绿颜色"和是否是增值税发票与抵扣联的关系，优化了算法，即具备"增值税""抵扣联""绿颜色"三个特征的发票＝标签"是"。

人工智能这个概念比较大，从字面上来说，只要能够让一个非人类的事物变得像人类，有人类一样的智慧，就可以将其称作人工智能。比如《西部世界》里面的智人已经脱离了计算机的概念，和生物技术有了高度的融合，甚至有自己的记忆、感情。在笔者看来，看得见、用得上的才是我们需要的人工智能。所以，机器学习是现阶段最适合财务人员接触的人工智能领域。

（二）监督学习与无监督学习

有人仅仅从字面上理解监督学习，认为是妈妈看着孩子做作业的那种监督学习。在这里，监督学习的含义是让计算机做训练题，这些训练题是清晰的，即有"特征"，同时最重要的是给出这些训练题的答案，即"标签"。在这种情况下，计算机通过做这些训练题，不断地进行学习，来优化解题的方法，即"算法"。当计算机经过充分训练后，我们再给出一个没有答案的题目，计算机就能回答出正确答案，这就达到了我们的目的。

所以监督的本质是给出训练题的答案，而不是拿着教鞭站在边上说教。需要注意的是，算法在监督学习下是已经预先设定存在的，我们可以针对不同类型的问题选择不同的算法。对于计算机来说，学习是对算法进行训练的过程，而不是创造算法的过程。我们需要对训练后的算法的执行结果进行测试，并根据对测试结果的满意程度进一步修正算法。因此，监督学习实际上非常适合解决预测答案一类的问题。

无监督学习也是让计算机做训练题，但是我们不给它答案。所有的训练题都只有"特征"，没有"标签"。计算机把那些具有相近"特征"的训练题都分别归类，而不管它们到底是什么。当我们再给它一个题目时，计算机就根据之前自己总结的规律，把这个题目自动归到了某个类别里。这个就叫作"聚类"，也是在无监督学习模式下非常重要的价值产物。在这个过程中，计算机自己用到了解决聚类问题的算法，分类的结果可以通过一些方式来检验，如果结果不理想，则可以回头修正算法，并再次进行聚类和测试。无监督学习适合用来解决分类的问题。

无论是监督学习还是无监督学习都有其相应的算法。在监督学习下，我们可以训练、测试算法；而在无监督学习下，由于不存在目标"标签"，就不用训练算法，只需要测试算法。需要注意的是，在这两种情况下算法都是可以改进的。

监督学习的常用算法有 K-近邻算法、线性回归算法、局部加权线性回归算法、朴素贝叶斯算法、支持向量机算法、Ridge 回归算法、决策树算法等。

无监督学习的常用算法有 K-均值算法、最大期望值算法、DBSCAN 算法、Parzen 窗设计算法等。

二、国内财务的人工智能应用的水平

（一）大多数企业还在互联网和移动互联时代徘徊

笔者认为，国内大多数企业的财务还没有进入人工智能阶段，更多的是在互联网和移动互联网阶段徘徊。现在国内做费用控制产品厂商的生意还是如火如荼，这意味着大多数企业的温饱需求还没完全满足。当然，一些刚刚解决温饱问题的企业已经在进一步考虑使用移动应用来进一步提升其网络财务的友好性和便利性。

（二）部分企业在大数据方面有所应用

部分企业在人工智能的前置技术环节——大数据上有所应用。可以说，从某种意义上，这些企业为进一步迈入人工智能做了准备。当然，有条件做这件事情的企业并不是很多，因为至少要有支持大数据的技术架构。这些企业大数据的主要应用场景聚焦在经营分析、管理会计、全面预算等方面。

（三）少数企业已实现基于人工经验规则的初级人工智能应用

庆幸的是，少数企业已经走上了人工智能之路的初级阶段。人们已经把解题的准确方法告诉了机器，并且也不用机器去学习优化，机器可以拿着那些特征去套内置的方法：如果套进去有与预期一致的结果，就通过审核；如果套不进去，或者结果与预期不一致，就要交给人工处理。我们把这种模式称为基于人工经验规则的初级人工智能应用。

如果规则足够丰富，就能够相当显著地节约人力成本。笔者认为，在未来的一两年内，这可能是国内主流的"财务准人工智能"解决方案。

三、财务应用机器学习的人工智能场景

（一）基于机器学习的智能共享作业

在前面谈到的基于人工经验规则进行处理的初级人工智能应用阶段，受益最大的就是各类财务共享服务中心。机器能够实现对传统人力的替代，使得人均产能得以大幅提升。但在这种模式下，最大的难题是对经验规则的梳理。财务人员在作业时，虽然是基于相对标准化的作业手册的，但要把作业手册上的内容翻译为机器可以理解的规则，难度比较大。因此，采用这种模式到了一定阶段后，就会遇到瓶颈，提升自动化率就会比较困难。

在机器学习模式下，计算机可以通过完成大量带有人工判断结果"标签"任务的训练来优化现有的规则，补充更多靠人难以解读的规则，同时也可以结合大量的外部数据进行辅助学习。比如通过对市场上经常开具假发票案例的学习，补充原本人的逻辑难以解读的假发票黑名单供应商规则。通过机器学习，现有的规则作业能够在真正意义上转变为智能作业，并实现对产能的进一步释放和提升。

（二）基于经验规则的智能会计与机器学习的智能报告

同样，基于经验规则，我们在很多企业的业务与财务衔接中都能够看到会计引擎的存在，即基于会计准则的规则化来实现自动的会计作业处理。这种场景也可以引入机器学习，机器学习确实能够完善现有的规则库。但会计作业和审核作业还有所不同，其本身就是建立在高度标准化的规则基础上的，笔者认为进一步依靠人的经验来拆解规则、深化应用与机器学习的模式相比，可能更有效率。

但另一种相关应用场景——智能报告，则有所不同。在笔者看来，智能报告的应用逻辑和新闻出版、投资研究领域的智能编辑应用更为相似。报告中的固化结构可以用规则来形成，报告中讲故事的部分则可以使用机器学习的方式，通过大量的训练题来让机器学会编写满足投资人需要的报告。

（三）基于机器学习的智能风控

智能风控是重要的机器学习应用领域之一。实际上，智能风控在财务领域早已有更为广泛的应用，如在防范欺诈的领域有非常多的成功案例。财务可以使用同样的逻辑来进行智能风控。在这种模式下，通过机器学习，计算机能够不断地完善算法，从而对所有进入财务流程的单据进行风险分级，并针对不同的风险等级设置相匹配的业务流程。同时，基于监督学习、无监督学习的各种算法去发现风险线索。在智能风控模式下，我们希望计算机能够更加精准地命中疑似风险案件，并非绝对拦截。

（四）基于机器学习的其他智能财务管理场景

上面三种场景更多的是从偏重财务运营流程和操作风险的角度，去谈机器学习下的智能财务应用场景的。实际上，在非运营的财务业务中，同样可以找到非常多的可能应用场景，如基于机器学习的经营分析、基于机器学习的资源配置等。这里不再进行详细论述。

第四节 财务管理和区块链

谈到智能时代影响财务的新信息技术，就不得不提到区块链。在大数据、云计算、人工智能和区块链这四个概念中，区块链这个概念最难讲清楚，应用场景也最难预测。

2008 年，区块链的概念在中本聪的论文《比特币：一种点对点的电子现金系统》中首次被提出，比特币的技术架构就是基于区块链的思路构建的。因此，区块链从产生开始就有了比特币的烙印。

从技术角度来说，区块链确实有其独到的价值，并且也有可能带来基于特定场景能够改变社会生活方式的应用。所以，深入了解区块链还是有必要的。

一、区块链的含义和特征

笔者需要借用一个关于微信接龙和区块链的创意故事，并融入笔者的理解和再设计，来帮助大家理解区块链的含义。

在谈到区块链概念的时候，人们经常会认为这是一种公共记账机制，或者分布式记账。但具体理解起来，还是有很大难度的。而"微信接龙"恰好能很好地诠释这个概念。

在笔者的公司里，中午有一个饭团，大家可以向管理员报名，然后管理员根据人数安排午餐。在早期的时候，大家都是通过发送邮件向饭团管理员报名的，这种报名方式可以理解为管理员就是一个处于中心位置的账本，每个人发送邮件报名都是一个记账的过程。

这种记账方式存在一些问题，例如：作为中央的账本，饭团管理员不能休息，不能出错，更不能把账本弄丢；记账的结果是由饭团管理员决定的，账本只有一个，往往只能以记账结果为准；各报名人之间的信息是隔离的，也就是说，除了饭团管理员，其他人都不知道还有谁在账本上记账。当然，对于一个饭局来说，这些可能不会产生十分严重的后果，但如果涉及资金处理、权益分配之类的大事，以上问题的弊端就显而易见了。

后来，这个饭团进行了一个升级，一种基于微信接龙的新饭团报名方式出现了。

首先，饭团管理员创建了一个群，群名为"微信接龙小饭团"。每天上午 10 点钟左右，有人迈出了第一步，在群里敲下了"1.韩梅梅"，这个时候，微信群里的所有人都看到了这条信息。紧接着，群里出现了第二条信息"1.韩梅梅＋2.李雷"，随后报名人数继续增多，"1.韩梅梅＋2.李雷＋……＋18.董师傅"，直到报名结束。

区块链的特征在上述微信接龙的例子中都有体现，下面进行详细分析。

（一）链式结构

区块链是基于链式结构运转的，其名字里就有一个"链"字。在上面报名的例子里，早期的记账过程有点像是填空式的，每个人报名都在账本上占一个位置，并没有一个强烈的先后关系或者链式关系。而在微信接龙模式下，第二个人报名的时候，一定是在第一个人报名之后的，编码顺序也从"1"变为"1＋2"的模式。这就强制性地构建了一个链式结构。

（二）共识机制

在微信接龙的方式下，饭团管理员一开始就设定了规矩：回复内容＝上一回复内容＋下一序号＋自己的名字。对于这个规则，群里所有人达成共识，都会自觉地按照这个规则来进行报名。当然，一旦有人填写错误，这条错误的记录就会被群里所有人默认为失效，并且立刻会有人按照正确的规则来填补空位。而如果出现重复使用一个序列号的情况，由于服务器上的时间先后是客观的，群成员就会将群里先发出来的消息作为有效信息，对后发出来的信息进行失效处理。这样一套共识机制，与区块链的原理也是暗合的。

（三）去中心化

区块链有一个很重要的特征，即去中心化。在没有使用微信接龙时，报名方式是以饭团管理员为中心的，他是整个饭团记账体系的核心。但采用微信接龙的方式后，整个报名过程没有一个人能够站在中心位置来修改、屏蔽信息。

（四）点对点对等网络

在微信接龙模式下，我们构建了一个由各参与者共同组成的点对点的网络。在整个网络中，所有人是平等的，这大大加强了整个记账过程的安全性和公平性。

（五）分布式和高冗余

在原来的报名方式下，账本是唯一的，数据集中在饭团管理员的服务器中。而在微信接龙模式下，微信群里的任何一个成员手上都有了一个账本，可以清晰地看到报名从1号开始直到结束的完整的记账过程。这体现了分布式的概念。需要注意的是，反复记账会造成高冗余的问题。但是对于重要的交易来说，这一点数据冗余的代价在当今大数据时代是可以被接受的。

（六）共享账簿

如刚才所谈到的，微信群里的成员每个人手上都有一个账簿，这个账簿是共享的，任何一个人都没有能力篡改它，除非能够同时修改所有人手上的账簿备份。

上面通过微信接龙的故事解释了区块链的特征，通过对这几个特征的总结、提炼，就不难理解区块链的定义了。

2017年，董莉在《区块链：诗不在远方》一文中谈到：区块链是一种公共记账的机制，通过建立一组互联网上的公共账本，由网络中所有用户共同在账本上记账与核账，来保证信息的真实性和不可篡改性。区块链存储数据的结构是由网络上一个个存储区块组成的链条，每个区块中包含了一定时间内网络中全部的信息交流数据。

二、区块链与财务管理

从区块链的特征来看，涉及多方信任的场景是非常适合使用区块链来解决的。它的去中心化、点对点对等网络、共享账簿等特征都能够对多方交易进行增信，从而改变当前的业务模型。从这个角度来说，笔者认为可以从以下五个方面来设计区块链在财务领域的应用场景。

（一）跨境清结算

从目前国内的清结算交易来看，清结算面临的问题并不严重，反而是在跨境清结算交易的过程中面临较大的压力。在跨境付款过程中，非常重要的是环球银行金融电信协会（Society for Worldwide Interbank Financial Telecommunications, SWIFT）组织。它通过一套基于 SWIFT Code 的代码体系，将各个国家的银行构建为网络，并实现跨境的转账支付交易。对于这套体系来说，高昂的手续费和漫长的转账周期是其极大的痛点。而对于在整个交易过程中处于中心地位的 SWIFT 来说，改变自身的动力并不强。但区块链技术的出现为打破这种基于中心组织的清结算体制壁垒带来了可能。去中心化的区块链交易有可能使得全球用户能够基于更低的费用，以更快的速度完成跨境转账。实际上，很多银行和区块链创新组织已经在积极展开相关的技术尝试，这也驱动 SWIFT 不得不作出自我改变，并在 2016 年年初启动实施基于区块链技术的全新技术路线图。

（二）智能合约

智能合约同样是一个涉及双方甚至多方信任的场景。当然，从单纯的合约概念来说，它并不是一个财务概念，而是企业之间进行商贸活动的契约。但是在区块链技术的支持下，合约的可信度得到很大的提升，并且基于电子数据完成合约的签订和承载后，合约背后的财务执行就可以更多地考虑自动化处理。智能合约这一概念是由密码学家和数字货币研究者尼克·萨博（Nick Szabo）提出的，他认为"一个智能合约是一套以数字形式定义的承诺，包括合约参与方可以在上面执行这些承诺的协议"。简单地说，智能合约所有的触发条件都是可以用计算机代码编译的，当条件被触发时，合约由系统而非一个中介组织来自动执行。

在没有区块链的时候，智能合约依赖的中心系统难以得到合约双方的认可，而区块链的出现，使得这一同步于互联网提出的设想成为可能。而基于智能合约自动触发的财务结算、会计核算等处理都将极大地简化财务处理过程，并有力地支持智能财务的实现。

（三）关联交易

在财务领域，关联交易的处理一直是困扰财务人员的一个难题。关联交易各方的账簿都是由各自的属主管理的，使得关联交易发生后各方账簿进行记账和核对的工作异常复杂。与有一个中心的账簿不同，在关联交易模式下没有中心，也没有区块链下可靠的安全记账机制，这就使得很多时候关联交易核对出现问题。一些大型企业也试图在解决这样的问题，但在区块链出现之前，这些企业的探索方向是构建一个中心，让所有的关联交易方在这个中心完成交易登记，从而实现类似于银行清结算的对账机制。而区块链的出现，让人们可以探索另一条道路——通过区块链的去中心化特征和其可靠的安全机制来实现新的关联交易管理模式。

（四）业财一致性

另一个和关联交易有些类似的场景是长期困扰人们的业财一致性问题。如果说关联交易是法人与法人之间的交易，那么业财一致性要解决的就是业务账与财务账之间的关系。相比较来说，构建一套业财区块链账簿体系更加复杂。企业中的各个业务系统在建设的时候往往都是以满足业务发展为基本出发点的，多数的业务系统根本没有考虑对财务核算的影响，也正是这一点导致当下不少大型企业中的业财一致性成为难点。如果使用区块链技术来解决这一问题，就需要在业务系统和财务系统底层构建一套分布式账簿，并由此取代现在的业财会计引擎的模式。业务和财务都同步保留业务账和财务账，从根本上实现业财一致。当然，这个过程可能会造成海量的数据冗余，且技术实现也更为复杂。

（五）社会账簿和审计的消亡

最后要谈到的是一种终极场景：如果整个社会的商业行为完全基于区块链展开，财务就不再采用每个企业自行记账的模式了。每个企业都是区块链上的一个节点，企业与企业之间所发生的所有交易都通过区块链进行多账簿的链式记账，就会很难出现假账。同时，高可靠性的全社会交易记载，对税务、财政等监管模式也会带来极大的影响，很可能使发票失去其存在的价值，并使监管审计、第三方审计都失去其存在的必要性，并最终导致审计的消亡。

第五章 智能时代战略财务创新实践

第一节 智能时代战略财务框架的智能增强

本章分析的是基于 CFO 基础能力框架展开的第一个部分——战略财务框架。在智能时代，战略财务管理的各项工作内容都会受到新技术的影响，包括直接的技术影响，以及智能化技术改变整个社会、经济形态后带来的间接影响。

一、战略与业务

智能时代的到来会对企业的经营产生重大影响，各行各业在这个过程中都会或多或少被智能化所改变。企业可能成为智能服务的提供商，或者成为智能化技术研发的参与者，也可能在当前的业务模式中引入智能化工具，创新商业模式，提升竞争力。无论如何，智能化对企业未来的经营将会产生重要的影响。部分企业会在战略层面进行调整，也有一些企业会进行战术层面的适配。

战略财务要能敏锐地跟上企业战略和经营变化的步伐，主动为公司的战略或战术改变提供支持，而非被动响应。在这场智能化变革中，战略财务的积极参与能够让企业赢得主动，更好地体现财务对企业战略和经营决策支持的价值。被动响应将使得财务无法与业务站在同一对话层次上，从而导致业务部门自行弥补战略财务能力的不足。

二、财会控制机制

智能化对财务的影响是全面的。因此，财务的管理模式、流程体系、系统支持方式都会发生一定的改变。作为财务管理的支持保障，财务制度体系也必然受到影响。在制度体系层面，应当结合智能化对财务系统、流程带来的影响进行必要的完善。

内部控制方式会因智能化发生改变。智能化技术能够加强内部控制能力，企业可以在内部控制体系中引入更多的智能化工具。智能化的到来会使内部控制环境发生重大改变，更多的财务管理工作将基于大数据、人工智能的模式开展，对这些看不见的流程或财务管理工作如何实施内部控制，将成为新的课题。

而对于内部审计与稽核来说，智能化的影响最直接。在智能时代，人工智能将取代大量的财务操作人力，依靠算法的机器处理将取代依靠人的行为的业务处理，审计的范畴将从传统的审计向算法审计和 IT 审计转变。而在审计和稽核的手段上，基于大数据的远程稽核将成为主流模式。同时，企业依靠大数据监控，能够更早地发现风险线索，由传统审计与事后追责向事前预防转变。

三、价值管理

对于价值管理来说，大数据是智能增强的技术核心。在大数据之上辅以机器学习，能够挖掘出更多的智能增强场景。

对于产权管理来说，基于规则的初级人工智能以及大数据技术能够辅助进行产权风险管理，帮助我们在风险出现的早期更加及时地识别和防范风险。

对于营运资本管理和现金流量管理来说，大数据可以帮助我们发现更多的管理线索，且大数据结合机器学习，能够为企业经营提供更强大的预测能力。经营预测更可靠，将在营运资本和现金流量预测方面带来价值。

在并购价值管理中，企业借助大数据的相关性分析，能够发现更多可能提升并购价值的管理线索。这些管理线索有可能在最终的并购价值创造中发挥重要作用。

四、经营分析与绩效管理

智能化技术将对经营分析的视角和方法造成影响。从经营分析的视角来说，传统经营分析的数据的局限性将被打破。在大数据的基础上，因果分析逐步转向相关性分析。由于数据的边界从企业内部延展到社会化数据，对于 KPI、经营分析报告、市场对标等职能都可能获得更加可靠的数据基础，从而对经营分析结果的可用性带来更大的帮助。

而在方法方面，大数据和云计算的结合应用能够为经营分析提供更加强大的数据采集、数据捕获和数据处理能力，使得经营分析的边界得到大大的延展。同时，大数据的非结构化数据的处理能力，也能够帮助企业经营分析更好地面对市场上与企业相关的热点信息的处理，将微信、微博等社会化媒体的信息纳入经营分析的视野。

此外，人工智能技术的发展，也将使得经营分析方法从经验分析向算法分析演变。这使得更为复杂的分析能够得以实现。同时，基于机器学习、算法的自我优化，能够使经营分析能力实现持续的提升。

五、全面预算管理

首先，在经营计划、预算编制过程中，智能化技术能够发挥重要的作用。由于经营计划和预算编制是资源配置的过程，因此资源配置的方向、权重是否合理是预算编制结果能否发挥价值的重要评价标准。大数据分析能够帮助验证业务部门在资源投向上的说法的真实性，能够展开更为清晰的资源投向和业绩达成的相关性分析，从而使得财务有能力对资源配置投向进行评价。

其次，在预算预测的过程中，企业能够基于大数据、机器学习等方法构建更为复杂和完善的预测模型，展开大量复杂场景下的敏感性分析。这使得预算预测的可靠性和对未来复杂不确定性的预判能力都能够得到更大的提升。而现在，让人更加期待的模拟技术出现，引入人工智能的虚拟商业生态系统能够让未来的预测建立在与真实社会相仿的现实模拟环境中。比如在拟真的环境中投放广告、设置不同的预算投入、模拟用户的真实反映、评价预算的投入效果等都可以在未来成为现实。

最后,在初级人工智能阶段,预算的执行与控制能够基于所植入的更加复杂的规则来进行。在机器学习下,预算的执行与控制模型或算法能够基于所设定的控制目标,由人工智能来进行持续的完善。而在传统模式下,由于人力所限,无论是对控制规则的设计还是对控制过程的管理都被约束在一定的范围内。基于机器学习的预算执行与控制将能够提供更丰富的控制逻辑,在不同的场景下选择差异化且更合适的控制机制,实现预算的柔性管控。

第二节 元数据、大数据与经营分析

传统的经营分析是建立在有约束的技术条件之下的,对财务人员的经营分析技术有着较高的要求,而即使信息系统能够提供支撑,在传统的财务信息化环境中,经营分析结果对业务的决策支持能力也始终存在局限性。

在大数据技术兴起后,人们认为经营分析应该能够有更加复杂和丰富的应用,但大数据技术具体是如何与经营分析这一传统的财务管理业务领域发生化学反应的,这个问题一直困扰着人们。与此同时,也很少有人去探究经营分析中人们所依赖的指标、数据的本质形态。在这里,笔者想从一个在技术领域应用比较广泛,而财务人员罕知的概念"元数据"说起,再结合大数据技术,基于更大的技术场景来谈一谈经营分析。

一、经营分析的概念框架

在具体展开元数据和大数据的话题之前,我们有必要分析一下当前大型企业是怎样搭建经营分析框架的。如果用一个房子来描述经营分析的框架,则房子的地基、砖瓦、装修和物业,分别对应于经营分析的数据基础、指标体系、报表展示以及维护机制。

（一）数据基础——房子的地基要扎实

盖房子首先要打地基。对于传统经营分析或者财务分析来说，地基是数据，经营分析人员通过各种渠道获取各种各样的数据来展开分析。如果企业已经建立了数据仓库和数据集市，那么在这一基础上进行经营分析是比较靠谱的。而如果数据分散在大量独立的系统中，甚至是各层级、各类人员的 Excel 表中，那么这样的地基就是用沙子做的，是不稳固的。

在经营分析体系中，要构建一个好的数据地基需要企业对数据仓库、数据集市有清晰的规划和设计，对数据的定义、标准、来源和采集有清晰的业务逻辑。当然，数据仓库和数据集市都是数据的载体，要想避免数据垃圾的产生，系统本身的数据质量需要有所保障。而这种数据质量的保障能力来自前端业务流程和信息系统的有效搭建与管理。

站在财务的角度，还必须提到三套数据，它们是经营分析的重要数据基础。一套来自事前，我们称之为"预算"；一套来自发生后的记载，我们称之为"核算"；还有一套来自事后的深加工，我们称之为"管理会计"。将这三套数据与经营分析进行有效对接，对提升经营分析质量有很大的帮助。

（二）指标体系——房子的砖瓦要规矩

有了地基之后，要盖房子，靠的是一砖一瓦。在经营分析框架中，指标体系就是房子的砖瓦。指标是一种衡量目标的单位或方法。我们在进行经营分析的时候，会围绕企业经营目标来设定一些衡量标准，通过这些衡量标准能够评价经营结果是否达到了所设定的目标，从而帮助我们进一步提升企业经营管理能力，这些衡量标准就是经营指标。

美国的关键绩效指标权威专家戴维·帕门特（David Parmenter）将经营指标进一步划分为"成果指标"和"绩效指标"。引入"成果指标"的概念，是因为许多评价指标是几个团队输入成果的总和。这些指标在衡量各个团队共同的工作效果时很有用，但不能帮助管理层准确地定位和解决问题，管理层很难准确地查明哪个团队出了成绩，哪个团队未履行职责。而绩效指标能够解决这个问题，并能更加精准地定位问题。例如，一个没有进行多维度切分的利润指标就是典型的成果指标,并没有反映为利润作出贡献的各个团队的绩效情况。

而在实践中,我们很少进行这样的区分,往往笼统地使用关键绩效指标来进行指标体系的搭建。我们可以在一个指标体系中引入"基础指标"和"衍生指标"的概念。基础指标是难以拆分和细分的指标,而衍生指标则是基础指标的运算组合。使用这样的概念,通过优先搭建和系统化基础指标体系,再扩展衍生指标体系,能够帮助我们快速地搭建一个复杂的指标体系。

此外,对于指标,通常会使用"指标树"的形态来进行展示。这也是构建指标之间逻辑的一种方式。

(三)报表展示——房子的装修要舒适

当构建好经营分析的指标体系之后,就可以搭建房子的主体了,而要使这些指标对经营发生作用,仅仅盖毛坯房是不够的,还需要进行精装修。我们可以把这个装修的过程理解为报表展示的过程。好的装修要让业主住得舒服,好的报表展示要让管理者能够清晰、快速地抓住重点,发现问题和解决问题。

实际上,报表就是将各种指标的不同层级维度交叉组合起来进行应用的产物。因此,在搭建报表体系的时候,我们要先搞清楚业主,也就是经营管理者到底需要看到什么,在明确需求后,选取能够说明问题的指标,并匹配和管理对象相关的维度信息,之后进行组合展示。此外,在报表的指标组合中,我们还需要经常用使用说明来解释指标,通过这样的方式搭建报表是靠谱的。而笔者也见过不少不靠谱的经营分析报表,搭建的时候完全没有指标和维度的概念,也没有关注管理者的需求,这样的报表如果有充分的经验支持,则可能具有一定的价值,否则往往带来的是信息垃圾。

有了报表后,经营分析报告也就容易出具了。但必须注意的是:简单罗列报表的报告是初级水平的报告,能够看透数字的表象,深入数字背后分析深层次的问题,才是有附加价值的报告。

(四)维护机制——房子的物业要靠谱

我们把整个房子都收拾好以后,还需要一个靠谱的物业。经营分析这个房子的管理和维护并不是那么简单、容易的，无论是数据、指标的维护，还是报告的过程和归档管理，都需要一套相对可靠的机制。

在通常情况下，企业会有经营分析部门。在不同公司，这个部门的归属往往并不相同，甚至还有不少发生过变迁。经营分析部门要建立一套维护机制，首先需要数据维护和管理团队来解决地基的问题，然后需要指标管理团队来进行指标的日常增删改的维护，还需要报表团队来进行常规报表和临时报表的编制及发布，最后需要绩效管理团队深入展开经营分析，并进行绩效的考核管理。在整个过程中，无论是组织、人员、流程、制度还是系统都是不可或缺的，这些共同构成了这套体系的维护机制。

当具备了以上这些条件后，经营分析框架就能够构建起来了。实际上，目前很多从事分析工作的人尚未在认知上构建起这一套框架体系，这会给提升经营分析和决策支持能力带来束缚。而下面我们还要在这套既传统又主流的经营分析框架的基础上，从元数据和大数据的角度进一步深挖经营分析。

二、元数据与经营分析

财务人员如果明白元数据这个概念，那么在解释很多问题的时候，就会有不一样的思考方式。涂子沛认为弄懂元数据，甚至是打开整个信息科学体系、复杂数据世界的钥匙。笔者认为，可以使用元数据的概念来进行经营分析本质的剖析，这对我们深入思考经营分析，并进一步借助信息化、智能化技术展开经营分析都有着不小的益处。

（一）元数据的含义

元数据可以理解为"数据的数据"。

例如，我们在拿到一张照片的时候，可以把这张照片当作一个数据，如果没有一套方法，就很难清晰地描述这张照片。但如果打开这张照片的可交换图像文件格式（exchangeable image file format, EXIF）记录信息，就能够看到很多信息，比如拍照的时间、相机型号、光圈、快门、感光度等。这些信息都是从某些特定的角度来解释这张照片的，我们可以把它们称为照片这个数据的元数据。而实际上，对照片的描述除EXIF

信息外，还可以从照片的内容展开，比如这是一张人像照片等。同样，这些也是照片这个数据的元数据。

实际上，应用元数据的场景非常多，比如图书馆的藏书信息卡、在线视频应用里的视频描述、网络中的网页地址等都可以用元数据来表达。

（二）元数据的特点

首先，元数据是结构化的。在大数据时代，人们都非常热衷于谈论非结构化数据，但忽视了这些非结构化数据在技术层面是怎样被应用起来的。如我们容易理解的，一张图片是非结构化数据，但这张图片是可以被元数据这种结构化数据所描述的，这就给我们借助元数据来理解和应用非结构化数据提供了可能。

其次，元数据是与对象相关的数据。如果以一张照片作为对象，那么描述这张照片的元数据与该照片具有相关性。但需要注意，潜在的用户不必先完整地认识对象的存在和特征，也就是说，可以使用盲人摸象的方式，借助元数据慢慢地去了解对象。例如，对于一张照片，我们可能第一次获得的元数据是EXIF信息，即从摄影的角度获取这张照片的信息，而进一步我们可以了解与这张照片内容相关的其他元数据，从而从另一个角度获取照片信息。

元数据不仅能够对信息对象进行描述，还能够描述资源的使用环境、管理、加工、保存和使用等方面的信息。同样还是以照片为例，元数据可以告诉我们这是一张网络图片、它存储在什么样的服务器上等信息。

最后，元数据常规定义中的"数据"是表示事务性质的符号，是进行各种统计、计算、科学研究、技术设计所依据的数值，或者说是数字化、公式化、代码化、图表化的信息。当然，我们也可以将文字理解为某种形式的编码数字。

（三）元数据与经营分析的关系

实际上，经营分析在多个层次上都会和元数据产生关联。

首先，构成经营分析的地基是数据，而元数据作为数据的数据，能够用结构化的方法帮助我们描述和标准化基础数据。构建数据仓库过程中的数据字典，从某种意义上讲就是元数据。清晰的数据字典，能够让我们更加有效地管理数据仓库。而从经营分析管理需求的角度来说，我们希望所有进入经营分析体系的数据都能够使用元数据进行充分的结构化描述。

其次，在砖瓦的层次——指标体系上，元数据也发挥着重要的作用。指标的结果最终会反映在数值上，我们用指标的名称、编码、维度值等对数值（即数据）进行描述，而这种描述就是元数据。因此，指标体系是在经营分析层次中架构在基础数据之上的第二类重要的元数据。

最后，在经营分析的中心点——经营活动方面。我们实际上要对经营活动展开多种视角的评价，评价的标准是经营活动是否达到在开展经营活动之初所设定的目标。而 KPI 正是我们多视角评价经营活动的结构化描述，也可以理解为经营活动评价的元数据。

经营分析本质上是由一层一层的元数据所构成的元数据世界。这对我们来说有以下价值：

第一，可以始终将经营活动分解到最底层的元数据。

第二，管理好元数据，就能管理好整个经营分析体系。

第三，管理好元数据，可以用统一的逻辑思维、技术方式（如元数据可以帮助业务用户更好地理解数据仓库，元数据独立于技术平台，无论使用什么技术平台，元数据都不改变，从而支持需求变化和数据可移植性等）。

三、大数据与经营分析

在传统的经营分析模式下，我们需要找到用于评价经营活动的元数据，也就是指标体系与经营结果之间的关系。通常，我们如果看到指标与经营结果具有显著的因果关系，就会考虑把这样的指标纳入 KPI 中来进行管理。但问题在于，这些指标往往是基于经营分析以及因果分析所得到的，这种逻辑上的强绑定关系具有一定的局限性。

实际上，影响经营分析结果的不仅仅是存在显著的可见因果关系的因素，还有存在相关但无法解释显著因果关系的因素。大数据的出现，让我们有可能打破思维能力的约束。基于大数据技术，我们能够从因果关系突破到相关关系。通过大数据分析，我们能够发现一些没有显著因果关系的因素同样对经营活动产生了显著影响，这些因素称为"相关性因素"。将这些因素定义为关键绩效指标，能够帮助我们实现优化经营活动成果的目的。

指标用于评价经营活动，同时，也有非因果关系的因素在影响这些指标，这又构成了第二层次的相关关系。我们发现原先所搭建的经营分析的元数据世界发生了延展，各个层级的元数据都有一些非因果关系，而相关的新元数据的出现，使得我们能够更加真实地架构经营分析框架，并有效指导经营结果的改善。

当然，在技术层面上，财务人员无须思考元数据和大数据该如何结合的问题，这样的问题还是需要交给工程师来解决。

第三节　智能时代的预算管理新思路

在战略财务的框架下，全面预算管理一直是不容忽视的范畴，但其在企业经营管理中所发挥的作用却饱受争议。

杰克·韦尔奇（Jack Welch）在《赢》中认为："在许多公司里，制定预算的程序是经营中最缺乏效率的环节，它吞噬了人们的精力、时间、乐趣和组织的梦想，遮蔽了机遇，阻碍了增长。"韦尔奇进一步提出了超越预算的概念，关注如何战胜竞争对手，如何超越过去的业绩。而稻盛和夫也在《经营与会计》一书中谈到对预算的看法，他认为："本是为了实现计划中的销售额的增加，才花费用的，销售额需要随费用的增加而增加，结果却做不到，只有费用在增加。"

无论是韦尔奇还是稻盛和夫，他们对预算不足之处的看法都直指本质，即预算在资源配置上的可靠性、预算和经营结果达成的相关性两个问题。在这里，我们也将重点就这两个问题来谈一谈，如何利用大数据技术改善预算工作。

一、预算管理就是资源配置

预算实际上是一种对企业资源的配置方式。当股东设定了经营目标后,业务单位要达成这些经营目标,就需要匹配相应的资源。如果从契约的角度来看,把预算作为一种契约,那么一方是企业的股东,另一方是企业的经营者。资源本质上属于股东,业务单位作为经营者向股东承诺实现经营目标,而股东向经营单位承诺提供其实现经营目标所需要的资源。当然,当经营目标达成后,还应该有相应的绩效激励,这是另一层次的契约关系。

因此,在企业进行预算管理的过程中,预算编制的核心是提出股东和经营单位都能够接受的资源配置方案,也就是在经营目标承诺和资源承诺上找到平衡。

那么预算要考虑哪些资源分配的问题呢?企业经营无外乎"人、财、物"三件事情,资源配置也可以理解为人力配置、财务配置和资产配置。

微软有一款名为《帝国时代》的游戏。很多年前,这款游戏让笔者有了最为直接的"资源配置影响目标达成"的概念。在这款游戏中,对人、财、物的配置将直接影响最终战局的胜负。在游戏中,人口是有上限的,合理地配置农民、猎人、伐木工、矿工、各种兵种的人数极其重要。特别是在游戏的开局期间,木材、食物、石头、金子的分配将影响经济和军事的走向及时间进程。整个游戏过程在很大程度上就是一个资源配置过程,或者说是通过预算来支撑战略目标实现的过程。

企业中的经营管理也是一样的,合理地配置人力、财务以及资产资源,是企业战略目标得以实现的重要保障。

二、资源配置的难题

做好资源配置并不是一件简单的事情。在进行预算管理,也就是进行资源配置的过程中,人们往往会遇到以下四个方面的问题。

（一）契约双方的信任问题

和所有的契约关系相似，资源配置同样要解决资源所有者和资源使用者之间的信任问题。资源所有者追求的是资源投入产出结果的最大化，因此在投入资源时会高度关注产出的结果，并要求获得资源使用者的绩效承诺。同样，资源使用者也需要在承诺绩效目标后获得必要且及时到位的资源支持，避免在资源不足的情况下进行经营，而最后为不良绩效结果担责。当然，资源所有者最担心的还是资源使用者存在道德风险，比如资源使用者是否会通过虚构经营目标或过度承诺，以获取资源，满足其短期利益目标等。

（二）资源配置的标准问题

在实际的预算过程中，资源配置标准的形成并不容易，太多的因素会挑战所设定的标准。而一旦无法形成相对清晰的标准，资源配置的过程往往就会成为一个谈判的过程，很容易陷入缺少逻辑的拉锯战中。

当然，资源配置的标准可以简单，也可以复杂。简单的标准可以根据经营目标，基于比例模型直接给出资源承诺；而复杂的标准则需要明确经营目标达成的各项驱动因素，为每项因素细分动因，并最终从经营计划的角度来设立。

（三）资源配置的效率问题

资源配置的效率一直是企业预算管理活动中令人头疼的一件事情。预算的全过程中存在太多的博弈。很多公司从九、十月份开始启动预算编制工作，直到来年的三、四月份才能完成预算的定稿。而在月度的资源配置活动中，如果缺乏高效的系统支持，那么很多公司根本难以做到精细化的月度资源配置管理。在这种情况下，月度预算往往成为年度预算下简单的"按月分解"。

（四）资源配置的效果检验问题

当完成资源配置后，就会从讨价还价的博弈循环进入承诺兑现的博弈循环。在这个过程中，对于管理者来说，最困难的是如何验证资源投放的效果。尽管我们说最终的经营绩效指标能够反映经营单位的绩效达成情况，但在过程中，基于任务、项目等设立的资源配置标准往往很难立刻通过财务或数字验证其实现的效果,而此时又经常需要启动基于此次项目任务进一步延展的后续资源投入,管理者需要作出是否进行"前款未清,借后款"的管理决策。

三、大数据与资源配置

我们在认识到资源配置的难题后,就一直在试图寻找解决这些问题的方法,而预算管理的理论、方法和工具在这一过程中得到丰富和完善。

在契约双方的信任关系方面,一些公司试图通过签订绩效承诺书来保障契约关系;在资源配置标准方面,一些公司通过设定模型的方法来总结预算标准;在资源配置效率方面,一些公司通过建立预算编制系统来优化编制流程;而在效果检验方面,一些公司选择刚性的"以收定支"。但我们也不得不认识到,在传统方式下对资源配置管理的优化终将遇到瓶颈,要实现突破,需要找到新的契机。而大数据恰恰在这一方面带来了新的机会。

(一)热点驱动资源投放

所谓热点驱动就是在保持经营目标相关性的前提下,哪里吸引眼球,哪里有热度,哪里需要资源,我们就将资源投放在哪里。但在传统财务模式下要做到这一点是非常困难的,如果仅仅凭借我们对市场的经验感知,那么是很难在经营活动中进行管理决策的,而大数据技术为解决这一问题提供了新的可能。我们可以通过这套逻辑进行预算编制。

1.制定经营战略

首先,和传统的预算编制模式一致,在编制预算之前,必须明确企业的战略导向,这从根本上决定了要不要投放资源、在哪里投放资源和怎么投放资源。当然,在这个层面上,战略很可能是相对宏观的,它更多的是未来一段时间内大的经营方向和经营策略,我们无法直接基于企业的战略来展开更为清晰的预算,也就是资源配置工作。

2.分析战略热点

要想更好地衔接战略与资源配置,就必须更清晰地拆解战略,也就是形成战略热点。当然,这里所说的热点和后面要谈到的基于大数据发现的经营热点是有所不同的,还需要依靠企业的管理经营者对企业所设定的战略目标进行细分,从管理逻辑层面定位战略在落地时需要重点关注的目标。例如,企业将智能化发展作为核心战略时,需要在技术、产品、客户、渠道等多个方面来发现其战略热点,如在渠道方面定位为自营门店等,这些热点将为后续的资源配置起到一个大方向的支撑作用。

3.基于大数据发现经营热点

在有了战略热点后,我们仍无法有效地从管理角度进行资源配置。实际上,经营者在战略热点明确后,就已经对需要做什么、大概需要多少资源有了一个初步的概念。很多时候,经营者就会基于这个概念开始和管理层讲"故事"了。在传统模式下,管理层通常对这样的"故事"只能选择"信"或"不信",当然,如果"故事"中间的逻辑线索相对清晰,则可能更容易获得管理者的信任,并获得资源。而如果在这个时候引入大数据分析,则可能对传统的资源配置模式有所改变。

战略热点是大数据分析的基点,从这个基点出发,我们可以构建两个热点分析模型。在被动模型下,企业需要基于战略热点进行经营热点的主动设计,模型要做的事情是基于企业内外部大数据,对经营热点与战略热点的关联热度进行分析。在主动模型下,企业需要以战略热点为出发点,基于内外部大数据,发现与战略热点分层次的关联市场热点,将关联度高的市场热点纳入经营热点中。

4.基于经营热点进行资源投放

通过这样主动与被动的热点分析,我们能够建立以战略热点为圆心的经营热点辐射地图,并以这个地图的辐射半径为标尺展开资源配置,接近圆心的经营热点需要投放更多的资源。在具体确定资源投放额时,我们可以围绕战略热点构建资源池,将资源首先投放到战略热点资源池中,并以经营热点为项目,向战略热点资源池申请资源。在资源申请的审批过程中,我们可以引入热度评估,优先将资源投放到高热度的项目中,从而避免发生先到先得、抢资源的情况。

5.资源的兑现使用

所谓资源兑现,就是契约双方基于预算事项实际发生的费用。实践中有两种兑现方式：一种是把钱先花出去，后续验证目标是否达成；另一种是用之前的存量资源先把事情做了，根据目标的达成情况再批准可以获得多少可用资源做后面的事情。实际上，这两种方式都存在一定的问题。前者建立在管理者对执行者信任的基础上，而一旦承诺的经营目标没有达成，就会损害管理者的利益；后者的根本逻辑是管理者并不信任执行者，要求其先拿自己的资金做事，在事情做成之后报账，这种方式对执行者来说也并不公平。而当我们引入经营热点并将其作为资源投放依据后，信任问题在一定程度上得到了解决，使用第一种方式进行资源兑现就会更可行且合理。

（二）资源投向和业绩达成的相关性分析

大数据除了在预算编制阶段能够发挥重要作用，在预算分析阶段也能够有所建树。在传统预算分析下，我们很难去评价每个类似于项目经营计划、经营方案和经营结果之间的达成关系。在通常情况下：如果业绩不错，超出了预先设定的考核目标，人们就会觉得所有的相关支出都是值得的；如果考核目标没有达成，那么所有的相关支出可能都会受到质疑。

但实际情况是，在所用掉的资源中，有些对经营目标起到了正面作用，有些则产生了副作用。而无论最后考核结果如何，正面作用和副作用都是存在的，只是各自所占的比例可能有所不同。

当引入大数据来辅助预算分析后，情况可能有所改观。通过构建模型，我们可以试图建立每一个能够项目化的资源投入与经营结果之间的量化关联度指数。要做到这一点，并不是简单地做一个数学模型，而是需要将所有项目进行元数据化，同时把经营结果也元数据化，并建立起项目元数据与经营结果元数据之间的关系网络。我们需要监控这个关系网络中每一个项目发生资源投入时，通过元数据关系网络相连的经营结果发生变化的强度，并最终将这些变化强度归纳为关联度指数。有了这样一套关联度指数，我们就能够精确评价资源投放的效果了。在这种情况下，我们能够更好地积累经验，更加有效地评价绩效，并优化未来的资源投放策略。

当然，以上关于大数据在资源配置方面的应用还有待通过实践来进一步验证。

第六章　智能时代专业财务创新实践

第一节　智能时代专业财务框架的智能增强

本章分析的是基于 CFO 基础能力框架展开的第二个部分——专业财务框架。专业财务的发展可以说是财务框架中最成熟的部分，是企业财务管理的基础。也就是说，没有战略财务、业务财务和共享服务都是可以的，但如果没有专业财务将会导致整个财务体系无法运转。当然，专业财务仍然有很大的提升空间。下面对每个模块如何进行智能增强进行探讨和说明。

一、会计与报告管理

会计与报告在传统的会计电算化、财务信息化过程中一直是重要的建设领域。在早期，财务的各项信息化工作也都是在这个领域开展的。但是由于多数企业在一开始就建立了核算系统，且将其作为后续建设的各类财务系统的对接对象，会计核算系统往往在建成后很长时间难以发生质变。

智能时代的到来，对各类财务信息系统都提出了改变的要求。同样，对会计与报告管理领域也有影响，给这个传统领域的信息化带来了契机。

首先，业务系统的高度集成将对会计交易处理的自动化和一致性带来重要的帮助。但是不同的业务系统分别进行会计规则的转换将带来较大的管理复杂性。统一会计引擎的出现，能够帮助我们将会计规则的转换架构在一套灵活、可配置的系统组件之上。不同业务系统的输入将可以基于统一平台，完成规则转换和凭证制证，进一步提升会计交易处理的可靠性。

其次，基于机器学习技术，智能报告得以产生。将会计报告交给人工智能来处理并非不可能，现在的人工智能写出的市场研究报告，已经让人难以区分背后是资深研究员还是机器。基于相对结构化的报告范式，再加上人工智能基于市场反应的润色学习，智能报告或许对股价的提升会越来越有帮助。

最后，分布式账簿所带来的高可靠性，能够帮助我们解决传统业财对接模式下的业务交易记录与会计记录不一致的问题。基于各交易方所构建的分布式账簿，能够将交易同时在交易各方实现记载，降低其被篡改的可能性，这对解决内部往来和关联交易的核对问题、加强业财一致性有着重要作用。

二、税务管理

对于税务管理的智能化支持来说，监管单位——税务部门更早地采取了行动，"金税三期"的背后是大数据的影子。税务部门的数据具有先天的不对称优势，使得其有条件先于企业展开税务的大数据应用。而基于企业的数据分析，也使得税务稽查能力得到大幅提升。而在大数据应用上，税务部门也在试图从其可控的税务数据以外获得更为广泛的社会数据，并应用在税务监管中。

企业需要借鉴税务部门的管理思路，基于企业自身的数据，以及可获取的社会数据，在一定程度上对企业内部应用大数据开展税务风险的预先排查。当然，受到数据基础的限制，企业与税务部门相比，可能有所不足。

实际上，与税务部门之间发票数据的对接、电子发票的应用，对提升企业内部基于流程的报账处理、操作风险管理来说都可能更具价值。如增值税专用发票及普通发票数据的对接，能够帮助企业简化发票真伪查验、发票认证的流程，对电子发票的应用能够大大降低企业的开票成本，也方便了进项报销的处理。

三、资金管理

对于资金管理来说，智能化的影响主要体现在对资金交易的安全性和核对一致性方面，跨境外汇交易效率的提升及成本降低方面，以及对资金计划、流动性风险管理预测等能力的提升方面。

一方面，对资金管理影响比较重要的智能化技术是区块链技术。基于去中心化的分布式账簿，能够构建起企业集团级的区块链清结算平台。基于区块链原理的交易记账，能够有效提升资金交易的安全性和效率，并解决资金清结算中的交易核对和一致性问题。而在社会范围内的区块链金融的发展，能够更好地提升企业间、企业与金融机构间、金融机构间的资金交易的安全性和效率。当然，在实践中，我国基于互联网、移动互联技术的资金交易模式的痛点并不显著，更有价值的应用体现在跨境交易上，对跨境交易的时效性长、成本高、依赖性强的痛点的解决能够让区块链技术体现出更大的价值。

另一方面，大数据技术的应用，能够帮助企业更好地展开资金计划管理。企业通过自身数据的积累，以及对影响资金需求的风险数据的监控，能够更有弹性地展开资金计划预测，并实现资金计划的动态滚动预测。同时，大数据能够借助对风险"加速度"的发现和监控，在更早的阶段发现流动性风险、资金安全风险等，帮助企业更好地展开资金风险管理。

四、合规管理

在合规管理方面，可以考虑应用大数据技术进行舆情监控。企业要针对所在行业同业监管的舆情动态、下级机构的监管实践动态、与企业监管相关的社会信息动态，对监管部门可能的监管行为或监管政策的发布等，提前做好预判和预案准备，借助大数据技术，化被动为主动。

在监管信息的报送方面应当考虑建立起与监管系统之间的对接，从而保障报送信息的可靠性与时效性。目前，国内监管部门对可扩展商业报告语言（extensible business reporting language, XBRL）在监管信息报送方面的应用，持相对积极的推动态度，企业可以基于 XBRL 进行相应的信息转换系统的建设，提升信息报送的信息化水平。

五、管理会计

管理会计的应用十分依赖信息系统的建设情况。在通常情况下，管理会计需要处理相对大量的数据，如缺少信息系统的支持，就很难实现日常的机制化运转。在传统模式下，管理会计支持系统的运算性能存在瓶颈，在性能难以支持的情况下，需要通过简化业务逻辑的方式来满足性能的要求。

实际上，从多维数据库的出现开始，管理会计的性能已经得到了很大的改善。在传统模式下，关系数据库严格按照三范式设计，通过多次表连接实现查询，对于大数据量的处理，非常费时，且性能较差、开发周期长、成本高。而多维数据库则以事实表为核心，由多个维度组合而成，结构简单、容易理解、开发相对容易，但却导致出现很多冗余，多维数据库属于用空间换取时间的解决方式。

随着智能化的到来，管理会计将更多地从技术性能方面获益。针对管理会计最大的痛点——运算性能不足，在物理架构、硬件等方面的技术进步能够使得这些问题有所缓解。基于云计算架构搭建的多维数据库，或者直接使用内存数据库来进行相关的管会数据处理都有优化数据性能的机会。

此外，大数据技术架构的发展，也为使用如 Hadoop 等大数据平台来解决多维数据处理问题提供了新的技术思路。如 2011 年谢超在《程序员》杂志中的《大数据下的数据分析平台架构》一文中提到，Hadoop 可以支持一个巨大无比的 Cube（这里指多维数据立方体），包含了无数你想到或者想不到的维度，而且每次多维分析都可以支持成百上千个维度，并不会显著影响分析的性能。

六、成本管理

在智能时代的管理创新中，成本管理可以在成本费用的前置管理方面下更大的功夫。在传统财务模式下，对成本费用的管理很难做到事前管理和深度管理。在智能化大环境下,与业务场景密切相关的信息系统更加支持成本费用的前置管理。例如,以差旅费、会议费管控为核心的前端商旅服务、会议服务管理,以车辆费用管控为核心的车联网系统的应用,以采购成本管控为核心的电商采购平台的应用,对财务更好地管控成本费用都发挥了重要作用。

此外,物联网技术的发展,使得我们对人的行为、事项发生的过程、材料、产品、采购资产流转的跟踪都有了更加细化和清晰的视野。基于物联网数据的采集和分析,让我们能够站在新的分析视角和高度来管控成本费用。结合大数据的应用,我们能够获得更直接和有用的成本费用管理举措的线索,并付诸行动。

七、财务风险管理

通过智能化技术,我们能够从事前、事中、事后三个层次防范财务操作风险。

从事前防范角度来看,在传统模式下,我们所构建的关键风险指标体系是基于经验和分析的,但这种构建方式可能存在认知完整性的缺陷。基于财务业务流程中大量的交易,以及现有模式对风险事件的发现,我们能够通过机器学习方法发现新的关键风险指标规则,从而补充和完善现有的关键风险指标体系,加强对事前风险的防范能力。

从事中控制角度来看,基于经验的规则系统化,我们能够实现初级人工智能的应用。通过大量的规则,我们能够发现财务交易中的潜在风险事件,并能够对一些风险事件进行直接拦截。此外,基于数据积累,我们能够对每一笔单据进行风险分级,针对不同的风险等级配置不同的控制流程,从而提升风险管控能力。同样,基于经验的规则积累,我们能够借助机器学习技术进行持续的训练优化,持续提升风险控制能力。而基于企业内外部大数据的积累和挖掘,我们能够建立更丰富的单据风险分级规则模型,使得单据的风险分级更准确。

从事后分析角度来看,我们能够建立起不同类型的分析模型以发现风险线索,如基于决策树的模型、社交网络的模型、聚类分析的模型等。这些模型的构建,能够帮助我们在事后进一步进行操作风险审计,通过跨交易单据的分析,发现更为广泛的风险线索,并基于风险线索进一步发现和解决问题。同样,大数据和机器学习有助于我们持续完善各种分析模型的规则,从而提升风险线索发现的精准度。

第二节　电子发票助力管理升级

一、电子发票的发展、优点与存在的问题

(一) 电子发票的发展

美国从 20 世纪 60 年代末开始使用电子数据交换,2013 年强推电子发票。2003 年,欧盟出台了《电子发票指导纲要》,提出要求建立欧盟统一的电子发票系统。

在电子发票正式落地前,我国有一个很重要的过渡时期,即网络发票时期。网络发票提供了一个网络化的发票管理平台,人们在这个平台上能够进行纸质发票的申领、开具管理等。其实质是把纸质发票的管理过程网络化了。虽然这和电子发票不同,但对后续电子发票的诞生从观念的转变上起到了很好的铺垫作用。

2013 年 6 月 27 日,京东开具了第一张电子发票,这是真正意义上的电子发票在国内的落地。之所以选择从京东开始,是因为电子发票的诞生在很大程度上也是电商在国内快速发展所驱动的。从场景来看,选择电商作为突破,就如同微信从红包突破支付市场一样,是在商业策划上非常成功的案例。

而随后,在相当长的一段时间里,各方都遇到了电子发票如何报销的问题。在实际操作中,电子文件流转方式直接对会计档案管理带来挑战。2016 年新的《会计档案管理办法》正式实施,提出在一定条件下"单位内部形成的属于归档范围的电子会计资料可仅以电子形式保存,形成电子会计档案",这是配合电子发票落地的重要的配套突破。2017 年 3 月,国家税务总局在《关于进一步做好增值税电子普通发票推行工作的指导意见》中要求规范电子发票服务平台建设,重点在电商、电信、金融、快递、公用事业等有特殊需求的纳税人中推行使用电子发票。但到目前为止,我国大部分企业还是要求

报销时必须将电子发票打印出来。

（二）电子发票的优点

对于开票方来说，电子发票的优点包括以下两个方面。

一方面，对于零售行业、服务行业、金融行业的企业来说，开具纸质发票一直存在不少问题，比如需要进行纸质印刷、需要进行发票配送等操作和成本问题，而电子发票可以很好地解决这些问题。

另一方面，从技术角度来说，开电子发票的难度也是相对较低的。因为核心的技术难点如税控加密防伪、电子签章、二维码、发票赋码等都是架构在统一的电子发票服务平台和税务端管理平台上的，无须开票方进行技术投资。开票企业需要做的是在企业端设置前置机，与电子发票服务平台进行数据交互，提交开票电子数据信息，将电子发票服务平台返回的电子发票文件提供给客户。

对于这些企业的客户来说，获取发票的目的主要是质保或者维权，电子发票比纸质发票更易于管理。特别是在目前互联网服务越来越发达的背景下，微信等社交平台也提供了电子发票的配套解决方案，这给用户获取和保管电子发票带来了更多的便利。

（三）电子发票存在的问题

对于电子发票，企业有以下几个问题需要解决。

1.打印为纸质发票后增加校验的难度

对于电子发票，许多企业要求必须打印出纸质发票后才能进行报销。这就给财务带来了一定的挑战，因为打印出来的电子发票在真伪的校验上比纸质发票更困难。从电子发票本身来说，由于其中内嵌了电子签名信息，通过数据提取和税务局数据库的校验很容易辨别真伪，但打印出来后，财务人员无法直接利用这些关键的校验信息，导致校验难度增加。

2.增加财务人员工作量

由于电子发票可以复制并重复打印，同一张电子发票打印为多份纸质发票时，这些纸质发票之间没有互斥特征，如果企业内部控制不强，则会出现电子发票重复报销的现象。为了加强内部控制管理,防止重复报销电子发票的税务风险,财务人员不可避免地要担负起发票审核的重任。财务人员在进行审核时,要先在已登记的电子台账中查询此发票是否已报销,若没有历史信息,则审核通过允许报销。财务人员再对已审核通过的电子发票信息(发票代码和发票号码以及需要的其他发票要素)在电子台账中进行登记。这种方式可以避免重复报销的问题,但与报销纸质发票的程序相比,在一定程度上增加了财务人员的工作量。

3.暴露企业信息系统安全风险

目前,电子发票的接收方式主要有两种:一是通过提取码在开票方指定的平台进行登票提取和下载;二是在提交发票开具信息时,向开票方提供电子邮箱,用来接收电子发票。虽然电子发票与纸质发票相比存在避免破损等的优势,但是电子发票在下载和保存过程中,很容易被病毒、木马感染。更有甚者,病毒、木马潜伏在虚假的电子发票中被发送到企业常用的电子邮箱,一旦员工不能有效识别虚假电子发票而下载该电子发票,病毒木马就会乘机进入企业内部信息系统环境中。受到感染的电子发票在使用过程中,将会造成不良影响,轻则无法正常打开、打印以至于无法报销,重则导致企业相关业务信息系统一并被病毒、木马感染,从而泄露企业重要机密信息,使业务信息系统瘫痪,并使企业业务运行中断,造成重大的经济损失。

二、电子发票的发展趋势

(一)现存普通发票全面转为增值税普通发票

随着营改增的完成,现在各式各样的普通发票将逐渐全面转为增值税普通发票,尽管我们说这是一个必然趋势,但要完成这样的转换并不容易,新旧模式的转换还依赖大量基础设施的投入。

(二)增值税普通发票和专用发票全面支持电子发票的形式

当所有的发票全面转为增值税发票后,无论是专用发票还是普通发票都将全面支持电子发票的形式。尽管在这个过程中由于使用习惯的问题,纸质发票可能仍会存在很长一段时间，但终有一天将全面过渡至电子发票模式。

（三）国税总局的数据服务器能够面向全国用户提供交互支持

当前的服务器性能瓶颈将被突破，国税总局的数据服务器能够面向全国所有企业用户提供免费的数据交互服务，这将给企业进行发票真伪校验和认证处理带来极大的便利。

（四）电子发票公共服务平台能够提供可靠、优质的公共服务

社会上出现电子发票公共服务平台，这可能是基于某一具有公信力的协会型组织来提供服务的，能够成为开票方、收票方、税局三方之间的服务枢纽，提供发票查验、电子签章、发票推送、发票存储等公共服务。

（五）企业端系统能够最终实现与税务局数据库的数据层面对接

企业端系统能够最终实现与税务局数据库之间的数据层面的直接对接，从而为企业电子发票数据的应用提供更多的可能。

（六）企业端建立支持电子发票的电子档案系统

企业端均建立电子档案系统，能够对电子发票以及其他原始凭证进行统一的电子化管理。

（七）报销无须打印纸质凭证

企业报销无须打印纸质凭证，基于公共服务平台和电子档案系统的协同支持，能够完成基于数字化电子发票的直接报销流程。

在理想环境下，企业销售货物后可以通过企业资源计划（enterprise resource planning, ERP）系统直接对接公共服务平台，完成销货后即时开票。用户获取电子发票后，能够在移动终端的电子钱包中查看电子发票。通常大的服务商的 App 应该提供此类服务，而第三方支付服务商如微信、支付宝等也应该具备此项功能。员工在进行报销时，企业的报销系统能够对接相关电子发票管理应用，员工可以直接选择电子发票或者

自行上传电子发票版式文件，触发报销流程。企业的报销系统解析电子发票版式文件中的信息，对接金税系统进行真伪校验，并进行发票认证。最后，完成报销的电子发票进入电子发票档案库，完成归档过程。

第三节　管理会计与维度

管理会计的概念体系是一个比较大的范畴，广义的管理会计包含了前面我们所谈到的经营分析，而相对狭义的管理会计则由收入分成、成本分摊和盈利性分析三个核心部分构成，这三个部分都离不开维度的概念。这里主要分析的是狭义的管理会计。在传统的技术条件下，对维度的应用受到了不小的限制，而智能时代大数据的技术框架可能对此有所帮助。这里我们从财务能够理解的技术角度来看一看如何从维度的限制中突围。

一、管理会计与维度概述

维度和管理会计存在着密不可分的关系。元数据是数据的数据，用维度值来描述数据是我们对经营情况展开分析的重要方式。而管理会计从其功能上讲，可以说是经营分析的底层支持。经营分析需要基于多种维度进行不同视角的观察，同样对管理会计提出了要求，需要管理会计能够将收入、成本等经营信息基于不同的维度视角进行加工处理，并最终实现多维度的成本盈利分析。

（一）维度的设计

从本质上讲，维度是我们看事情的视角。当我们对一件事情进行认知的时候，很难一次性看到它的全貌，在正常情况下，得到的只是一个视角下不完整的认知，而随着视角的不断增加，我们所获得的观察对象的信息会不断丰富起来，从而不断提升认知水平，并最终有可能还原出接近真实的场景。

在进行管理会计维度设计的时候，我们可以充分利用维度这一概念。由于管理会计的最终目的是辅助我们进行经营决策，所以回答"需要用什么维度来看管理会计"的本质就在于"需要用怎样的视角来看经营"。

在缺乏管理会计体系支撑的情况下，我们能够用来看经营的视角是十分有限的，很多企业仅仅依赖会计核算系统，从会计科目和组织维度来看经营。但是当引入管理会计后，维度就有条件进行一定程度的扩展。

从逻辑的角度讲，首先应该扩展的维度是对分析经营情况、指导经营行为最有价值的方面。比如很多企业会选择"产品"和"渠道"两个维度，因为"产品"和"渠道"对大多数企业来说都是高度影响其经营结果的视角。随后，不同的行业开始有了不一样的选择，如以工程交付方式为主的企业可能优先考虑工程项目的维度，咨询行业会增加咨询项目的维度，高科技行业会增加研发项目的维度，电信、金融行业会增加运营的维度，零售行业会增加客户、客群的维度等。当然，上面所举的例子并不一定是所有行业企业的一致选择，实际上，这些行业企业往往会同时产生多个新增维度的需求。但我们必须意识到，维度的资源是有约束的，当无法一下子扩展多个维度的时候，要基于最有用的视角来逐步扩展维度。

（二）维度的特点

首先，维度应当具有明确的含义和清晰的边界。也就是说，当我们用维度来描述经营情况时，一个维度值只归属于一个维度，即维度值应当具有唯一性。比如很多企业在做网络销售，如果用"网销"作为一个维度值，而这个维度值同时出现在"产品"和"渠道"两个维度中，就会导致用户出现认知困扰，不知道财务在说的事情针对的是"产品"还是"渠道"。

其次，维度应当具有层次性。比如对于"组织"这个维度，可以首先定义"法人"这个层次，进一步，在"法人"下定义"事业部"的层次，再细分为"研发""销售""生产""售后"等部门类的层次，最后落到具体部门上。一个层次清晰的维度体系能够帮助我们更好地基于层次进行自下而上的数据汇总，从而获得更多的管理信息。

最后，维度之间是叉乘关系。在管理会计中，如果用多个维度来描述一件事情，那么我们希望看到的是几个维度之间的叉乘结果。比如有一笔差旅费，我们希望看到的是

"深圳分公司""XXBOX 产品""直营渠道""2017 年 6 月""差旅费""1888 元"这样一条记录，而不仅仅是反映单一维度的信息。

（三）收入分成和维度

对于收入来说，我们将其与维度进行匹配会相对容易。在通常情况下，当销售发生时，销售的属性还是相对清晰的，比如卖的是什么产品、谁卖出去的、通过什么渠道卖出去的、客户是谁等。从客观上讲，这些关键信息往往还是比较清楚的。在这种情况下，如果要获得多维度的收入分成信息，最重要的是在销售的源头进行多维度的交易记载，也就是基于每一笔订单清晰地记载相关维度信息。

如果在源头没有记载，后续再基于合并记载的销售收入来进行拆分，难度就会很大。如果只是基于主观设定的规则来进行，就会降低收入分成的质量。因此，在进行管理会计的收入分成系统化时，我们需要尽可能地深入业务前端，通过从交易系统获得原始数据来达到最佳效果。

当然，有时在销售的源头也无法将收入完全清晰地归类到各个维度，此时还是需要采用一定的分成规则作为支撑。

（四）成本分摊和维度

如果要将成本信息和维度进行匹配，那么人们所面对的情况会比收入分成更复杂一些。

部分成本和销售订单是直接相关的，这种成本往往比较容易处理，与收入一样，我们能够直接指认大部分成本信息。但是仍有相当大比例的中后台成本是无法直接进行明细维度指认的，这就需要采用其他的方式进行处理。

在通常情况下，我们需要在成本发生的各类系统中尽可能清晰地记载一些维度信息，比如要求报销人指定可以确定的直接维度信息，如"部门""产品""项目"等。当然，这种指定是有局限性的，有些维度无法指认到底层的维度值，甚至根本无法指认，必须依赖后续的成本分摊来进行。成本分摊的方法也有很多，对于管理会计来说，最重要的是要选择合适的成本动因和分摊路径。

（五）盈利性分析和维度

当完成收入和成本的维度信息匹配处理后，就具备了进行多维度盈利性分析的基础。

理想的多维度盈利性分析的数据基础应该是预先设定的维度都得到了充分的匹配。也就是说，在底层数据中，能够基于各个维度底层的维度值展开叉乘，且所有的叉乘记录上都应该有相应的值。当然，对于无意义的叉乘，可能获得的是空值，但有业务含义的叉乘结果都应该有相应匹配的叉乘值。

在这个基础上，所谓多维度盈利性分析就是能够从单一维度、部分维度、全部维度进行灵活的汇总分析，并且在任何一个维度的层次上都是可以进行异步汇总的。人们通过这种模式，基本能够从宏观到微观、从各个不同的层次深度和视角来看待企业的经营情况。比如可以看到所有"事业部"的所有"产品"的收入和成本情况、某个"事业部"的所有"产品"汇总的收入和成本情况，也可以看到每个"事业部"的每个"产品"的收入和成本情况。这使得管理具有一定的灵活性。

二、构建维度体系存在困难的原因

从前面的介绍中我们能够了解到，维度为我们提供了观察企业经营情况的不同视角，而要想全面地看经营情况，视角自然是越丰富越好。也就是说，我们能够构建出的维度体系越丰富越好。但是在实践中要做到这一点并不容易，原因主要包括以下几个方面：

首先，多维度收入和成本的底层数据的获取需要大量的基础工作，如采集数据源头信息、标记业务流程的维度值等工作，都需要我们完整地梳理端到端的信息系统，并细致、耐心地进行系统改造。

其次，系统需要对基于规则的收入分成和成本分摊进行大量的计算处理。一方面，系统的计算能力需要足以支持；另一方面，系统处理的时效性要能够保障。我们往往无法直接从源系统抽取数据进行加工处理，需要通过数据仓库先进行抽取和存储，在此基础上再进一步进行加工处理。而在某些情况下，数据之间还存在处理的先后逻辑关系，这会导致数据加工处理出现排队的情况。很多时候，管理会计人员是在痛苦的排队等待中陷入绝望的。超出预期的数据处理时间，将使得数据结果因时效性的丧失而贬值。

最后，当完整地形成了多维度收入和成本的底层数据后，报表的出具同样受制于系统的性能。由于叉乘关系的数据是极其庞大的，每增加一个维度，带来的都可能是几何量级的数据的增长。而在如此海量的数据上进行分层次多维度组合的数据汇总时，一旦系统性能不足以支持，等待时间就会十分漫长。

从上面的分析我们能够看到，对于基于多维度成本盈利分析的管理会计来说，技术性能是维度扩展的瓶颈。要想获得丰富、全面的管理会计分析视角，也就是进行任性的维度扩充，就要首先解决技术架构的性能问题。

三、技术进步下的维度破局

（一）关系型数据库对维度的处理

关系型数据库是建立在关系模型基础上的数据库，其借助于集合代数等数学概念和方法来处理数据库中的数据。现实世界中的各种实体以及实体之间的联系均可以用关系模型来表示。我们可以简单地把关系型数据理解为一种二维表格，一个或多个二维表格构成了关系型数据库，如 Oracle、DB2、Microsoft SQL Server、Microsoft Access 等都是关系型数据库。

当使用关系型数据库进行数据分析时，需要怎样处理呢？关系型数据库需要基于多个表之间的关联关系进行多次的表连接来实现数据查询，就像用一个个小铁环连接起来的铁链，环环相扣，完成最终的数据处理。在这种模式下，如果是小数据量的查询，则问题不大，但是当面对多维度海量数据时，这样的数据连接方式非常耗时，性能问题凸显。对于开发人员来说，关系型数据库的开发周期较长，成本也较高，但好处在于它消耗的存储空间较少，容易扩展。不过，这些优点并不是管理会计的业务应用中所需要的。

（二）多维数据库的维度增强

面对关系型数据库在处理多维度大数据量时的不足，多维数据库的出现让管理会计人员看到了曙光。

多维数据库是比较抽象的。因此，我们经常用立方体的概念来解释多维数据库。数据被存储在一个多维数组里，如果用立方体来表达，那么立方体的边代表了"维度"，立方体本身被叫作"度量"或"事实"，其实也就是我们通常所理解的具有数量特征的统计对象，比如金额、销量、库存等。

在大立方体的一个小立方体块中，在立方体的边也就是维度上可以理解为有不同的刻度，这些刻度就是"维度值"，当多个维度上的刻度确定后，也就是维度组合中的每个维度的维度值确定后，就可以锁定一个具体的多维度组合结果，这个结果常常被称为"切片"。实际上在管理会计中所说的底层的数据记录，在多维数据库中就是由这样一个个切片组成的。

多维数据库在本质上存在着大量的冗余，用空间换时间，提升了运算效率，从而能够更好地提升维度组合后的查询效率。

在多维数据库领域，使用比较多的是海波龙的 Essbase 数据库，它善于处理多维度数据记录。

在处理多维数据时，多维数据库比关系型数据库更前进了一步。但我们也必须知道，多维数据库仍然有它的局限性，当维度扩展到一定的数量后，仍然会有性能瓶颈。因此，在业务设计上应适当控制维度的需求。

（三）大数据架构下的维度再突破

当大数据技术得到快速发展和普及后，管理会计人员对维度的需求有了进一步扩展的机会。

实际上，我们需要关注数据处理的时效性和数据量，并据此来考虑技术架构。对于时效性要求很高的数据分析，可以称为实时数据分析。现在的实时分析技术比以前有了很大的发展，特别是内存数据库的出现，极大地提升了分析效率。目前，一些企业选择用这样的工具来进行管理会计的处理。但是在笔者看来，管理会计对时效性的要求并不至于达到实时性，离线数据分析往往已经能够满足需求，反而是对大数据量的处理能力更为重要。而在数据量方面，内存数据库受到总内存的限制，往往可以处理相对一般量级的数据，但处理海量数据时会产生一定的压力。

基于分布式文件系统的大数据架构能够在海量多维数据的处理上有所作为。

以最常见的 Hadoop 为例，它在进行多维分析处理的时候，能够充分利用其处理非结构化数据的能力，采集包含大量冗余信息的数据，同时将这些大量冗余的维度信息整合到事实表中。简单地说，就是用 Hadoop 强大的能力，存储大量的冗余数据，把空间换时间的事业进行得更加彻底。在这种情况下，业务人员能够基于冗余的维度，更加灵活地切换分析视角。另外，Hadoop 中的 MapReduce（一种编程模型，能够帮助 IT 人员在分布式系统上运行程序）有着强大的并行处理能力，这使得在任性扩充维度后，系统的性能开销并不会显著增长。通过使用这种方式，我们可以在 Hadoop 平台上构造一个巨大的数据立方体，它包含着多个维度。

未来的管理会计将有可能突破维度的限制，我们将能够更多地关注如何构造维度以更好地反映经营情况，而不必再担心维度在性能上的制约，这就是管理会计的全维时代。

第四节　智能风控

对于专业财务来说，业务人员舞弊和渗漏风险管理一直是重中之重。然而，在传统的财务管理模式下，想要做到这一点在客观上存在着较大的难度。一方面，渗漏和发现渗漏就如同一场猫捉老鼠的游戏，总是不得不面对财务与业务的各种博弈升级；另一方面，要想做好这件事情，财务在反渗漏的斗争中不得不消耗大量的人力和精力。

随着智能时代的到来，财务反渗漏有了新的转机。依托智能化技术，我们有可能在与渗漏行为的博弈中占据更加主动的位置，同时也能够让算力从一定程度上替代人力，智能风控让我们能更容易地抓住财务渗漏的尾巴。

一、财务渗漏的定义

财务风险有两种典型的情况。

一种情况是在复杂的财务流程中存在大量的财务运营工作,这些工作本身容易发生由工作疏忽或者技能熟练度不足导致的各种各样的差错。我们并不把这些差错理解为一种渗漏行为,而更多地将其定位为财务的质量问题。

另一种情况是这里要说的财务渗漏,也可以理解为企业员工出现道德问题,从而发生的舞弊欺诈事件,这些事件会直接或间接地造成企业的财务损失。由于这种行为往往隐藏在大量的常规业务中,如员工的费用报销、零星采购等,如同一个容器出现了破损,漏下了沙子,故人们往往称之为财务渗漏行为。

对于财务渗漏来说,最典型的关键词是"虚构"。常见的虚构事项包括以下三种。

(一)虚构经济事实

这种情况是财务渗漏事件中性质最恶劣的,可以用"无中生有"来形容。涉案者往往是在没有任何真实业务支撑的情况下,凭空捏造一个经济事实。涉案者甚至还会编造一套看起来相对靠谱的逻辑证据链,通过这样的虚构从企业套取资金。当然,套取资金后,一些人会把这些资金当成小金库,用于特殊用途或员工的补充福利,而另一些人则直接将其装入自己的腰包。

(二)虚构原始凭证

相对于完全虚构事实,虚构原始凭证的情况要稍微好些。有些时候,确实是发生了实际的费用支出,并且员工也自行垫付了资金,但由于发票遗失或者忘记事前审批等其他情况,能够支持其正常报销的原始凭证缺失。这个时候,为了完成报销,员工有可能虚构原始凭证,比如购买发票、伪造审批签报等。尽管从动机上讲,虚构原始凭证比完全虚构经济事实少了点恶劣性,但它仍然是我们所认为的财务渗漏行为。

（三）虚构业务金额

一些情况具有混搭性质，并且也比较隐蔽，我们一般称之为虚构业务金额。在这种情况下，往往会存在一个基础的经济事实，也就是说，确实有经济开支发生了。比如员工确实出差了，但是在实际报销的时候，员工把住宿金额放大，将住了 5 天改成 10 天，把每天 500 元变成每天 1 000 元，这就是在一件存在事实基础的事情上虚构了业务金额。这种混搭式的行为也是我们所理解的财务渗漏行为。

二、进化中的财务渗漏

进化论是一个普适的基本原理，在财务渗漏领域也不例外。我们把渗漏的发展分为基础进化、惯性进化、关联进化和突变进化四个阶段。

（一）基础进化阶段

在财务渗漏的最原始阶段，业务人员的渗漏行为往往是偶然的。比如在一次报销中错误地填写了信息，而财务人员并没有发现，这种偶发的渗漏行为就如同取款时，取款机吐出了一堆并不属于我们的钞票，然后我们把这些钞票放进了自己的腰包里。这个阶段可以称为财务渗漏的基础进化阶段。

（二）惯性进化阶段

当给了可以犯错误的机会后，总有一些人会把这种偶然行为转化为一种惯性行为。有少部分人会尝试利用财务控制中的一些漏洞，习惯性地占一些小便宜，这些习惯性行为甚至慢慢演变成主观故意的恶劣欺诈行为。但这种行为还是被控制在了个体单位内。这个阶段称为财务渗漏的惯性进化阶段。

（三）关联进化阶段

由于个体渗漏的得逞率是建立在后续控制环节失效的基础上的，很多时候并不那么容易得逞。把最重要的控制环节——主管领导，纳入自己的渗漏计划里往往更容易得逞。

由于业务真实性的控制已经失效,只要后续能够伪造证据,就很容易完成渗漏。这种现象放大了渗漏的频率,这个阶段称为财务渗漏的关联进化阶段。

(四)突变进化阶段

关联进化阶段的渗漏还是有一定的限制的,毕竟要想获取各种支持证据并不容易,虽然渗漏频率增加了,但尚未造成金额的放大。但如同生物的进化,总有一些个体会发生基因突变,形成具有显著差异的物种。在渗漏的进化之路上,有一些不满足于当前阶段的渗漏者扩大了他们的小圈子,通过将支持财务开支的证据链条上更多的环节纳入渗漏俱乐部,实现了端到端的渗漏能力,不求高频,只求金额大。我们将这个阶段称为财务渗漏的突变进化阶段。

三、财务反渗漏的进化与面对的难题

事实上,在传统模式下,财务渗漏对我们提出了不容忽视的挑战。与渗漏本身的进化一样,财务人员的反渗漏手段也一直在努力进化中。

在早期,财务人员的反渗漏手段是"靠经验"。在这个阶段,财务人员通过长年累月的积累,形成了反渗漏的敏感性。有经验的财务人员看到报账单据,就能形成一些职业敏感性判断,靠经验抓舞弊成为财务人员骄傲而又无奈之举。毕竟,经验的形成并不是那么容易的,没有大量的一线实践是很难形成这样的能力的。

到了下一个阶段,随着财务信息系统的建立,财务人员的反渗漏手段从"靠经验"进化到"靠数据,靠逻辑"的阶段,能够相对容易地从各种视角对财务数据进行分析。如同对财务报告的分析性复核,在反渗漏方法上,通过对大量数据的各种加工,财务人员有可能发现隐藏在数据背后的逻辑问题。而这些存在逻辑冲突的线索,往往能够帮助财务人员找到潜在的舞弊案件。"靠数据,靠逻辑"的进化帮助财务人员在反渗漏的道路上迈出了一大步,但是仍然不得不正视的是,与快速进化的渗漏技术相比,反渗漏的进化存在一定的滞后性。财务人员在反渗漏时面对的难题主要包括以下几个方面。

（一）数据分析的资源有限

不得不承认，财务人员用 Excel 或者简单的商业智能分析工具确实能够解决不少问题，但是面对报销这样的海量高频数据时，这点数据分析资源是不够的。反渗漏的数据分析是一种线索发现的分析，和常规的数据报表是不一样的，这要求财务人员通过大量的数据、大量的分析尝试来发现线索。

如何突破数据分析的资源瓶颈必然成为摆在财务人员面前的难题。只有通过技术手段突破数据分析的瓶颈，才有可能在未来展开更为复杂的反渗漏行动。

（二）难以设计复杂逻辑

在进行财务反渗漏的过程中，依靠逻辑来发现线索本身就是一件很困难的事情。实际上逻辑的设计类似于数据建模的过程，要想有效地发现复杂渗漏的线索，模型就必须构建得足够复杂。然而，人脑处理逻辑的复杂性是有限制的，当逻辑层次超出了人们的理解范围后，就很难再依靠人的认知能力来进行逻辑分析并发现渗漏线索了。

因此，如何突破人的逻辑局限，找到不易发现的隐藏逻辑或复杂逻辑，成为财务人员反渗漏的重要挑战之一。

（三）对关联渗漏无能为力

在反渗漏的战斗中，面对关联渗漏，财务人员往往会感到无能为力。在关联渗漏中，舞弊的行为被分散在不同的单据、时间甚至不同的子公司中。在这种情况下，财务人员的分析发现能力很难跨越单据、时间和子公司这些天然的屏障，这使得很多渗漏者有了可乘之机。

不难看到，财务反渗漏的进化往往是迟滞于渗漏进化的。特别是在过去很长一段时间内，技术手段无法突破成为最大的挑战。值得庆幸的是，在智能时代，这一状况有望改变。

四、智能时代反渗漏技术的智能进化

智能时代的到来，让财务人员面对亟待进化的反渗漏局面时找到了突破的转机。大数据与机器学习技术的发展，让财务有机会在反渗漏的场景中尝试应用这些新技术。下面主要分析基于规则模型与监督学习模型、非监督学习模型、社会网络三种形式的智能风控所带来的反渗漏升级。

（一）基于规则模型与监督学习模型的智能风控

事实上，基于规则的反渗漏与我们在上文中所谈到的"靠数据，靠逻辑"的反渗漏的思路是一致的。核心差别在于能够用信息系统来运行复杂的规则模型，而不是靠人进行分析。

很多人会陷入一个误区，认为人工智能到来了，要用复杂的思维去取代简单的规则处理。实际上，正确的做法是尽最大的可能在应用人工智能技术之前采用规则处理，基于规则的系统处理的成本更低并且高效。但是，在当前的技术条件下，采用规则处理有两个难点：一个是支持规则处理的数据不足；另一个是规则本身的设计困难且复杂。

而智能化技术的出现，恰巧在这两个方面提供了支持。大数据技术的出现，让财务人员能够管理更庞杂的和非结构化的数据。这些越来越大的数据让财务人员有机会应用更复杂的规则模型来发现渗漏线索。比如在今天，财务人员可以使用光学字符识别（optical character recognition, OCR）、众包等多种方法，获得大量的与经济事项相关的数据进行管理，也可以从社会网络中获取与供应商、员工相关的大量信息来发现潜在的渗漏线索。

另外，机器学习中的监督学习模型能够帮助财务人员将大量的人工审核方法转化为机器规则，从而实现自动化的规则反渗漏审核。

在基于监督学习的机器学习模式下，财务人员可以将长期以来基于人工反渗漏作业的单据作为学习训练的基础，对单据的特征进行数据化，并对这些单据是否存在渗漏情况打上标签。监督学习模型能够利用大量具备特征和标签的训练题，进一步提炼规则。这些新的规则植入系统后，作用于新发生的业务单据，分析其是否存在渗漏的可能，这将有助于解决"规则建立困难"的问题。

(二) 基于非监督学习模型的智能风控

利用机器学习中的非监督学习也是帮助财务人员找到渗漏线索的方法之一。

从某种意义上讲,非监督学习可以理解为机器对大量数据进行自主聚类分析的过程。机器系统并不关心数据本身的含义,它将数据按照特征的相似性进行分类。在这种情况下,大多数正常的单据具有相似性,能够被非监督学习模型归集到非常相似的大圆圈里,而那些可能存在渗漏行为的不正常单据,则有可能出现在特定区域的小圆圈中。这样的可视化分析,能够帮助财务人员进一步将渗漏调查的对象聚焦在这些另类的小部分单据中。

非监督学习在技术上的支持,让财务人员有可能突破数据和逻辑分析的局限,找到在传统模式下看不到的渗漏风险。

(三) 基于社会网络的智能风控

人的思维能力很难发现跨越时间和空间的关联性。在大数据技术的支持下,通过构建社会网络的方式来发现渗漏风险,成为解决关联渗漏的创新思路。

在财务领域,社会网络是指利用企业内部财务相关经济事项的各个关联主体之间的相互关系构建的一个关系网络。在这个网络中,有企业的员工、员工的审批领导、供应商、供应商的股东、供应商与企业内的其他关联人等。筛查社会网络中可能发生渗漏行为的主体规律特征,可以识别利用传统反渗漏技术难以发现的渗漏行为。社会网络模型集成了筛选、统计、时间还原、风险节点关系分析、可视化关联分析等模型,能够更加快捷、有效地帮助财务人员发现潜在的渗漏风险。

在实际的应用中,财务人员可以以报销单据为核心向外扩展,通过员工、审批人、供应商等多个要素之间的关联关系,跨越空间和时间构建起网络。在这个网络中,财务人员可以试图寻找所谓"黑节点"。"黑节点"是指通过其他技术方式发现的有问题的单据、人或供应商。一旦出现了"黑节点",财务人员就有理由怀疑在这个网络中存在其他的"被污染节点",这种从网络和"黑节点"视角出发的渗漏发现方法往往能够以点带面地发现问题,并且将深度隐藏在空间和时间掩体后的渗漏行为挖掘出来。

在实际构建社会网络模型的时候,通常需要经过节点确定和数据提取、节点数据清洗、关联关系匹配、生产网络等步骤。而在这个过程中应尽量减少数据不足、垃圾数据过多、数据冗余等问题对网络质量的影响。

反渗漏技术即将进入智能风控时代,这让财务人员在面对高度进化的渗透势力时有了一战之力。财务人员需要拿起智能风控的武器,赢得战斗的胜利。

第七章 智能时代业务财务创新实践

第一节 智能时代业务财务框架的智能增强

本章分析的是基于 CFO 基础能力框架展开的第三部分内容——业务财务框架。业务财务的提出为国内财务管理水平的提升注入了强大的活力,也是传统财务向新型财务转变的重要一步。业务财务的核心理念是希望财务队伍能够从自己的专业领域走出去,成为业务部门的合作伙伴,能够站在业务的视角及业务与财务专业的交集区域,开展财务管理活动。

一、产品财务管理

在产品财务管理方面,单纯从财务的角度来说,能够实现智能增强的范围是有限的。

在产品规划和投资方面,基于今天的信息条件,更为广泛的数据和信息获取能够帮助我们更加有效地模拟预测产品未来的经营情况。

在产品最佳财务实践的推广方面,可以尝试使用一些新的技术手段来加强培训的效率和效果。在传统模式下,通常需要通过开发课程、面授推广的方式来传播最佳实践。而在今天,我们可以考虑采用更丰富的形式,如网络直播、碎片化学习等,借鉴新的学习模式的优点。

物联网的发展使我们能够更好地跟踪实体化产品的市场投放数据,通过经营分析获得产品的使用情况、用户的反馈情况等更有价值的数据。

相比财务本身来说,业务财务更需要关注的是企业产品本身在智能化领域的发展。

产品财务经理需要能够紧跟智能时代的新技术与企业自身产品的结合情况,对涉及智能化技术的新产品实现优化资源配置判断,应用智能化技术建立新的产品规划和投资的财务评价模型,而不是在智能时代完全无法理解业务部门的战略、规划和行动。财务需要成为业务的伙伴。

二、营销财务管理

大数据技术是营销财务管理的重要助力,能够在营销费用管理、客户信用及风险管理、竞争对手分析等领域发挥重要作用。

首先,在营销费用管理方面,重点关注的是营销资源投放和效果达成的关系,如果能够管理好每一笔营销费用的投入产出,营销费用的投入就能得到很好的财务回报。在这一方面,我们可以充分利用大数据在相关性分析方面的优势,基于大量的企业内部历史营销费用投放的数据,以及市场上与企业营销活动相关的各方面的反应数据,获得营销费用投放方案与市场反应之间的相关性分析结果,从而将优质资源向市场反应积极的营销活动方案倾斜。

其次,在客户信用及风险管理方面,企业能够依托大数据技术更广泛地获取与客户相关的社会化数据,不再简单依赖于客户公布的财务报告信息,而是将客户在社会化活动中所形成的广泛的数据纳入监控范围,基于广泛的客户行为信息、舆情信息,更及时、准确地评价客户信用,建立多视角、全方位的客户信用评价模型。

最后,在竞争对手分析方面,大数据能够帮助企业建立更加及时、有效的舆情监控系统。基于网络新闻、微信、微博等多种社会化媒体,新的舆情监控系统可以从文字、图片、语言、视频等获得全方位的信息输入,从而更早地发现市场和竞争对手的重要动态,帮助企业及时作出决策。

三、供应链财务管理

供应链管理本身是一个相对成熟的管理领域。特别是在 ERP 系统出现后,企业的供应链管理能力得到了大幅度的提升。在智能化技术方面,物联网技术将为此领域财务管理能力的提升提供潜在的机会。

在物联网技术快速发展后,越来越多的企业使用物联网来跟踪其供应链的全过程。从原材料到在产品、产成品,直至后续产品的库存、配送物流及客户使用,企业可以利用物联网获取每个环节的大量位置信息。对这些信息的获取,能够让我们及时获得清晰的物料及产品的库存、流转、物流情况。供应链财务能够利用这些信息替代盘点,甚至也能为相关的会计核算提供更好的自动化支持;能够利用这些信息优化库存价值管理,减少呆滞库存的出现;配送物流数据信息对降低配送物流成本也有重要的作用。

在未来,物联网信息和财务的有机结合势必会改变供应链财务的管理模式。

此外,企业通过将采购财务管理前置于业务处理,能够实现更好的管理效果。例如,采用类电商的模式在企业内部推动采购管理,能够实现整个采购过程的透明化和自助化,更好地推动业务与财务全流程的融合。

四、项目财务管理

实际上,针对项目管理,我们更建议推动其系统化建设,针对不同类型的项目建立差异化的前端业务管理系统。企业可以将财务与业务紧密结合的部分内置于前端项目管理系统中,而针对项目财务管理通用的部分,则可以考虑建立统一的项目财务管理平台,对接各类前端专业化项目的业务管理系统,打通业务财务的内部壁垒。

尽管与项目相关的业务及财务系统的建立并不高度依赖智能化技术,但对于很多企业来说,这项工作仍然是财务信息化建设中的薄弱环节。基于现有的信息化技术,实现项目过程的信息化管理是很多企业的当务之急。

五、海外财务管理

海外财务管理是财务管理从国内向海外的延伸,因此企业可以总结智能化技术在其他财务管理领域的应用模式,并向海外进行扩展。

但对于海外机构来说，要在国内财务管理向智能化转型过程中同步受益，就需要积极推动国内各类有价值的财务信息系统以及管理模式、管理平台在海外的落地应用。这就需要无论是企业在国内的面向海外的管理机构，还是海外机构本身，都要积极推动各类管理系统、管理模式、管理平台的全球化，如在语言、文化、运营模式等方面充分考虑不同国家和地区的特殊情况，力求实现统一平台的全球覆盖和应用。

六、业务财务一体化管理

针对业务财务一体化管理，可以从以下两个方面来考虑智能增强：

一方面，对于复杂的企业集团来说，前端的业务系统众多，业务系统建设情况不一。如果将业务系统与财务系统对接，将会计凭证的转换生成工作分散于各个不同的业务系统中，则会形成财务与业务之间众多的数据衔接点，数据质量也难以保障。因此，这些企业集团可以考虑建立统一的会计引擎，实现财务核算与业务系统的一对多的对接关系，通过建立标准化的会计引擎提升业务财务一体化管理水平。

另一方面，区块链技术又将为业务财务一体化管理的保障模式带来根本性改变。在技术条件允许的情况下，企业可以在业务系统与财务系统底层搭建区块链账簿，实现业务与财务系统多方共享记账机制，这将有可能实现记账即对账。

在这种模式下，业务系统发生的每一步交易都会同步记录于业务系统和财务系统的底账平台，如果涉及内部交易或集团内关联交易，则可以实现交易各方的业务系统与财务系统的同步记载，这也间接地解决了内部往来和关联交易核对的问题。

当然，搭建一个覆盖所有内部系统的底账平台并不是一件容易的事情，涉及大量的底层数据的清理和改造。对于业务来说，识别各个系统中影响财务结果的原始业务数据本身就是一个困难且庞大的工程。而区块链技术所需要的高冗余资源，也是需要企业面对和平衡的事情。

第二节　智能时代布局海外财务管理

出海对中国企业来说已经不是一件新鲜的事情。今天，中国企业已经具备了在国际舞台上参与竞争的实力，正在进行全球化布局，不断提升全球战略协同能力，如华为在许多国家实现了分支机构的布点，不少中国企业也开始积极地进行海外并购。全球化成为智能时代不可或缺的关键词。

在这样的背景下，这些走出去的企业的财务管理水平也必须能够跟得上企业的发展需求。但实际上，很多企业财务在国际化的进程中面临着极大的挑战，在短时间内难以找到清晰的财务管理建设方向。走向海外是一个长期的、面临重重挑战的过程，做得好的大企业无不经历了几代财务人员的不懈积累。

智能时代海外财务管理的布局可以从五个关键节点入手：①绘制海外国家财务模式；②实现海外风险导向的流程标准化；③培养海外财务队伍；④推动海外财务系统的择优统一；⑤打造海外财务专业支持平台。

一、绘制海外国家财务模式

当走出去进入全球环境的时候，企业很难迅速把握海外国家的全面情况。面对陌生的国家、陌生的语言、陌生的文化、陌生的商业环境，海外财务工作的开展极富挑战。要解决在该工作中遇到的问题，绘制海外国家财务模式是一条可行之路。

绘制海外国家财务模式通过研究不同国家的商业管理、会计、税务、资金等方面的差异化情况，有效控制企业进入某个国家后面临的财务管理风险。完成海外国家财务模式的绘制后，企业能够做到游刃有余。一旦进入一个国家扎根后，基于之前绘制的海外国家财务模式，后续人员更替工作就会变得更加轻松。

绘制海外国家财务模式需要采取一定的措施，具体来说，可以通过以下四个方面进行。

（一）确立海外投资主体

企业走向海外的第一步是在海外建立主体机构，其建立方式包括投资设立和并购。因此，走出去的企业可以考虑基于投资策略，通过自主调研或借助中介，确定海外投资主体，进而完成相关投资或并购工作，最终设立主体机构。在这一过程中，财务将发挥重要作用，很多工作都需要财务部门的深度参与。

（二）进行国家调研

企业完成海外主体的设立后，下一步就是如何了解和融入当地环境的问题了。与项目的开展类似，前期的现状调研是不可或缺的。由于在陌生环境中企业难以独自摸索现状，借助本地的第三方力量能够获得很好的效果。如果注意观察，就会发现外资跨国企业进入中国的动作也是一样的，它们会聘用跨国中介企业在中国的分支机构的人员来协助进行调研，帮助它们了解中国各方面的情况。因此，与当地财务或中介机构合作进行财务相关调研，是走出去的企业了解新进入或已进入国家更为行之有效的方法。

（三）确立海外国家财务模式

完成调研后，企业就能够从容地开展后续工作了。第一时间应当考虑的是如何将调研过程中的经验教训，以及调研的收获尽快记录下来，并形成我们所说的海外国家财务模式。这就需要企业分析所在国家的会计、税务和资金管理等多个方面的特点，并针对该国家建立财务模式档案。一份详细、完善的海外国家财务模式档案是企业宝贵的信息资产。在后续的人员更替和新设机构中，海外国家财务模式档案能够让企业少走很多弯路，更高效地完成相关工作。

（四）落地海外财务管理

最后，企业可以依托海外国家财务模式档案，有序开展财务管理工作，从新进入的忙乱状态转化为稳定健康运营的财务工作状态。当然，需要注意的是，海外国家财务模式档案的编制并不是一次性的工作，企业需要对其进行持续优化，及时更新政策信息，以保证财务工作的可延续性。

二、实现海外风险导向的流程标准化

与国内相比,海外的财务管理有太多的未知和不确定性,即风险更高。所以,每个走出去的企业都需要认真地对待风险管理,避免出现重大的财务风险事故。

具体来说,实现海外风险导向的流程标准化可以从以下方面入手。

(一)提出"什么会出错"的问题

第一,基于对流程和交易的理解,思考在重要流程中可能发生重大错误的节点,并据此发现风险点。

第二,确定流程中所涉及的具体风险点,并进行重要性排序,为后续有针对性地采取措施奠定基础。

(二)编制国家间"标准化与差异化并存"的流程手册

第一,企业需要从流程的角度寻求标准化,以减少不必要的管理成本,但同时要兼顾国家之间的实际差异,针对不同国家设定差异化的流程。

第二,企业可以考虑使用操作风险管理工具,在流程中嵌入风险监控点,并设定监控规则和风险发生后的应急处理方法。

三、培养海外财务队伍

企业要想深扎海外,就需要一支素质优良的海外财务队伍。

然而,海外财务队伍的建设并不容易。企业往往处于一个很尴尬的局面:一方面,企业需要选择优秀的人才出海,但实际能达到要求的候选人并不是很多;另一方面,企业在海外短期外派更换人才的成本很高,通常需要外派人员有一定的稳定性,这就使得优秀人才在决定是否前往海外时顾虑重重,通常更倾向于选择国内更好的发展机会。对于第二个问题,很多企业通过高薪和高补贴的政策来吸引员工出海,这是一个好的解决办法。

而针对第一个问题，企业要考虑的是如何找到适合出海的优秀人才。要在企业层面建立以国家财务经理为核心的人才队伍，首先就需要清晰定义该队伍的工作职责和能力模型。

从岗位设置来说，海外财务队伍通常由国家财务经理、业务财务人员和专业财务人员组成。国家财务经理是海外财务队伍的核心，也是队伍负责人。而业务财务人员和专业财务人员的职能与国内的并无显著差异，但需要顾及当地国家的实际情况，协助国家财务经理完成相关工作。

对于海外财务队伍来说，其人员的核心技能包括：语言能力、专业能力、项目管理能力、协调能力、沟通能力、问题解决能力、风险管理能力等。此外，他们还需要的是承受孤独的能力。由此可见，优秀的海外财务队伍是难得的，需要企业花费更多的资源和精力寻求或悉心培养。

四、推动海外财务系统的择优统一

在企业布局海外的过程中，财务信息系统的建设是一个难点。如果企业选择在海外循序渐进、耕耘布点，则实现财务信息系统的统一还是相对容易的，毕竟可以慢慢把国内的系统推广出去。企业在快速进行海外布点的时候，也往往选择使用当地的财务系统来进行过渡，最终需要面临二次整合的过程。

一些企业的情况比较复杂，它们通过在海外进行投资、并购的方式出海，在并购过程中，融合的企业往往都带有自己的财务系统，实现系统统一尤其复杂。好在如 Oracle 这样的套装软件在全球市场占有大量份额，很多时候企业要做的就是在并不多的产品中择优整合。

企业在决策时，需要整体评估是否拥有能够在全球范围内推广的优秀的财务信息系统。如果有，则不妨选择该系统进行全球统一，并提出标准化的实施要求。如果没有，则可以考虑以下几种方案：方案一，企业统一购买并部署一套能实现全球化标准部署的系统；方案二，企业针对自身的行业情况，研发一套系统并进行全球部署，这种模式是极具挑战性的，对研发者的产品化能力和全球化能力要求极高；方案三，企业可以保持现状，在各国沿用当前的财务信息系统，这是一种被动的选择。

财务信息系统的统一和标准化是一个明确的方向，管理者也应当致力于向这个方向推进。当然，很多时候这一推进工作无法一蹴而就，很可能需要经过一个比较漫长的过程。

五、打造海外财务专业支持平台

在海外布局时，企业还需要考虑如何打造有效的财务专业支持平台。一个高品质的财务专业支持平台，能够让企业的出海之路更为顺利。

企业在进行相对的简单海外布局时，可以通过在每个国家建设团队的方式来构建当地的支持能力。但是当海外财务队伍具备一定规模后，高昂的财务出海成本迫使企业必须考虑进行平台建设。

在平台建设方面，企业具体可以考虑打造海外业务财务平台、海外专业财务平台、全球财务共享服务平台，提升在海外可持续发展的能力。

（一）海外业务财务平台

海外业务财务平台的核心职能是支持当地主体机构顺利地开展业务经营，并基于当地的实际环境，给予管理层以财务决策支持。在海外业务财务平台中，企业可以配备国家财务经理，并在此基础上根据所涉及的价值链环节，配备相应的业务财务经理，如物流财务经理、售后财务经理、项目财务经理等。

（二）海外专业财务平台

海外专业财务平台主要是从财务专业的角度支持当地的财务专业业务的，包括海外流程管理、海外信息系统支持、海外团队管理、会计管理、税务管理、海外资金池管理等职能。海外专业财务平台中的人员的专业能力需要能够适应不同国家的特性，特别是在政策法规方面，需要有极强的属地化适配能力。当然，语言、文化沟通也是重要的支持基础。

（三）全球财务共享服务平台

海外业务财务平台通常是基于国家配置的，海外专业财务平台可以基于国家或国际片区来配置，而全球财务共享服务平台则可以通过单点或多点配置，实现全球的集中管理。全球财务共享服务平台提供报账、核算、结算等服务，但和国内的财务共享服务平台不同，需要支持多语言、多时区，并能够基于不同国家和地区的政策法规开展业务运营。

第三节　会计引擎

在今天，业务财务一体化已经不是什么新鲜的话题。所谓业务财务一体化，就是需要财务能够理解业务，深入地参与业务前端的管理活动，为业务部门提供有效的经营决策支持。但是，我们也要看到，业务财务一体化并不是建立在空中的楼阁，要想真的做到这一点，有一个牢靠的地基非常重要。在笔者看来，业务信息向财务信息高效、自动化、无差错地转换就是这个地基。这件事情看起来简单，想要真正做到还是有着不小的挑战的。会计引擎的出现，将帮助我们有机会去尝试解决这一问题。

一、业务与财务高度融合的挑战

业务与财务的高度融合一直是业务财务管理人员高度关注并期待能够解决的重要研究课题。如上文所述，要实现这一点，需要打下坚实的数据地基，只有存在这样的基础，财务才有可能使用口径丰富且内涵一致的财务信息向业务部门提出有效的经营决策建议。在实现这一目标的过程中，我们面临着三个重要的挑战：业务与财务双语言的挑战、业务与财务系统集成的挑战和业务与财务数据不一致的挑战。

（一）业务与财务双语言的挑战

业务与财务融合的基础在于业务信息向财务信息的转换。如同人们在交流过程中所进行的语言转换，一个以英语为母语的人，在没有接受过汉语教育时，要和一个未接受过英语教育的、以汉语为母语的人深度交流是非常困难的。同样，对于业务信息来说，它更多时候是伴随业务系统在进行业务交易处理的过程中生产的。这些信息在没有经过很好的整理和标准化之前，本身作为一种语言是很难进行直接解读和理解的，更不要说转换为财务的语言了。值得庆幸的是，交流的另一方——财务较早地建立起了规范化的信息体系，让我们在这个过程中构建了一套会计语言。基于会计准则，以会计凭证为记录载体，以财务报表为信息展示的载体，我们能够比较轻松地理解财务、会计的信息。至少，会计人员根据他人编制的会计分录，能够理解其背后发生的经济事实。

在这种情况下，挑战主要来自业务端的信息。如何让业务信息可读、可理解成为摆在我们面前的第一个门槛。而更为重要的是，我们还需要在业务语言和财务语言之间准备一个翻译器，从而让业务信息能够自动转换为财务信息。

（二）业务与财务系统集成的挑战

我们很难想象如何在一家业务系统、财务系统都是高度孤立的企业中实现信息的集成。

系统之间的打通是构建业务与财务融合的根本，不仅包括业务系统与财务系统之间的打通，还包括业务系统内部相互间的打通和财务系统内部相互间的打通，而这正是当前很多企业不得不面对的一个重大挑战。

（三）业务与财务数据不一致的挑战

即使系统之间实现了集成，企业也不得不面对业务与财务数据是否能够保持一致的问题。系统之间产生数据不一致的情况有很多。在业务系统中更多的是明细数据，而财务系统的数据则存在合并记载的情况，这使得业务与财务系统之间出现总分核对的问题。如果缺少有效的数据核对和校验机制，就难免出现业务与财务数据不一致的情况。而有些时候，由于数据的传递过程不可避免地出现丢包或重复等技术问题，如果缺乏有效的数据接口校验机制,则很可能也会导致双方数据不一致。

人为导致的业务与财务数据的情况更为常见。一种情况是核算系统保留了数据直接录入或补录的入口,导致缺少支撑的业务凭证直接进入;另一种情况是数据存在台账入口。最复杂的情况是在链条的最前端出现了缺口,即业务系统并非从源头开始系统化,存在人工数据进入的环节。此外,在全链条中任何允许人为修改数据的情况都可能破坏业务与财务数据的一致性。

二、会计引擎的基本原理与建立难点

尽管很难依靠单一的工具或手段来彻底地实现业务与财务的高度融合以及数据的一致性,但有些工具能够帮助我们从某一环节来加以改善,会计引擎就是其中之一。下面具体分析会计引擎的基本原理与建立难点。

(一)会计引擎的基本原理

简单地理解,会计引擎可以看作将业务语言转换为财务语言的翻译器。如果要让这个翻译器运转起来,那么首先要能够实现语言的输入,然后基于所输入的语言,通过一系列的语法分析以及规则转换,将其形成新的语言再输出。当然,这里所讲的翻译是基于文本信息的,如果是基于语言的处理,那么最大的难点将转变为在输入环节如何让计算机能够听懂且理解人类的语言,并将这些语音信息转换为文字。

我们可以参考类似的方式,用会计引擎来解决问题。首先,需要从各业务系统中获取业务系统数据的输入。在这个过程中,我们必须意识到,会计凭证是企业各类经济活动结果的反映。在这种情况下,能够支撑进行财务语言转换的前端业务系统的涉及面也必然是广泛的。当建立了业务系统与会计引擎之间的数据接口后,就形成了类似于翻译器的语言输入过程。接下来,要做的事情是语言的转换。对于会计引擎来说,需要建立一套类似于翻译器中词汇映射和语法映射的规则转换机制。也就是说,要建立业务数据向会计凭证转换的系统规则。

当然,这里有一点和翻译器是不一样的,对于翻译器来说,不管输入的是什么,都需要被动地接收，并转换为另一种语言进行输出。而对于会计引擎来说，首先是基于会计凭证的数据构成规范来判定需要什么输入，对形成会计凭证无用的数据，根本就不会考虑作为输入。在这种情况下，业务系统根据会计凭证的数据需求提供数据输入，经过预先设定的业务语言向会计语言转换的规则处理后，形成准凭证。

所谓准凭证是会计引擎处理后所形成的预制凭证，由于还没有进入总账系统，故被称为准凭证。准凭证进入核算系统后，形成正式的会计凭证，最终完成语言输出的过程。

（二）会计引擎的建立难点

从上面介绍中能够看到，会计引擎的基本原理和大逻辑并不复杂，但是很多企业没有做到这一点，这是因为会计引擎在实际的建设过程中还存在着诸多难点。

1.会计凭证场景的梳理

在建立会计引擎的过程中，最重要的一点就是将所有需要从业务语言向财务语言翻译的场景系统化。通过场景梳理，能够针对每一类需要生成会计凭证的业务场景定义转换规则，这是对会计引擎的基本要求。但在实践中，要做到全面、无遗漏的场景梳理并不容易。场景的梳理有赖于经验的积累，如果无法一次梳理清晰，就必须考虑如何在会计引擎的设计过程中保留足够的弹性，允许我们快速灵活地配置和增加场景规则，从而减少场景梳理复杂性带来的消极影响。

2.胖瘦的选择和处理

实际上，对于总账系统的胖瘦之争一直存在。有些企业选择保留原汁原味的业务颗粒度，基于明细业务交易形成会计凭证，并记入总账。这种模式的优势在于具有高度的可追溯性，但弊端在于过大的总账数据存储量将严重影响系统的性能。所以，一些企业选择将业务信息进行合并记账，这就要求会计引擎能够固化合并规则，基于合并规则将明细业务数据转换为浓缩的会计凭证。这就如同直接将英文转换为汉语的文言文，如何选择转换的颗粒度以及如何实现会计引擎合并颗粒度的可配置性，也是难点。而在实践中，选择了瘦总账模式的企业有可能会要求在此基础上再补充设立胖子账，从而兼顾对性能和明细数据的需求，这都对会计引擎提出了更高的要求。

3.逆向流程的处理

在会计引擎中,还有一个难点在于逆向流程的处理。如同翻译,正向的翻译总是相对简单的,但如果在翻译过程中发生了错误,就需要修正翻译错误的结果,这就是所谓逆向处理。对于会计凭证来说,逆向流程往往是通过红字冲销以及重新制证的方式来进行处理的。在处理过程中,不仅要考虑到什么样的场景会触发逆向流程,还要考虑到逆向流程的凭证规则,以及相匹配的业务流程关系。在没有考虑会计引擎逆向处理的规范时,在业务系统中往往不会充分考虑到对逆向流程的数据规范支持,而在会计引擎模式下,业务系统必须进行相应的改造。

4.能否兼顾财务会计与管理会计

我们还需要考虑的事情是会计引擎在解决财务会计问题的基础上,是否还可以用来解决管理会计的问题。解决财务会计的问题是很好理解的。财务会计的核心逻辑是以会计凭证为语言,实现业务信息的转换和记载。而管理会计类似于对财务会计方法的翻译,更适用于实现分析维度的扩展,无论是收入还是成本支出,基于管理会计规则,实现业务信息多维度的信息转换和记载是没有太大问题的。但如果再考虑管理会计中更为复杂的内容,如动因管理、分摊处理、作业成本管理等,那么仅使用会计引擎来解决就比较困难了。此时,更适合采用专业化的管理会计系统。

5.可追溯性的保留

会计引擎的最后一个难点是可追溯性的处理。如同翻译一样,对于翻译后的每一句话,我们希望都能够找到其原始语言下的信息来源,这样便于后续在应用过程中进行信息核对。同样,对于业务财务核对和稽核审计,我们总是有各种各样的需求,希望能够清晰地追溯会计凭证背后的线索,直至业务源头,而合并形成会计凭证的会计引擎难以实现此需求。合并规则的复杂性,使得合并后会计凭证的向前追溯成为难题。如何在会计引擎的设计过程中就预留下追溯机制及线索,是我们必须认真思考的问题。

三、会计引擎的应用现状

事实上,会计引擎在我国的发展还处于相对初级的阶段。会计引擎的应用现状主要包括以下两个方面。

（一）会计引擎分散在各种专业化财务和业务产品中

今天，会计引擎能够实现独立产品化的应用还是鲜有见闻的。多数会计引擎都还隐藏在各种各样的专业化财务信息系统中，甚至直接内置在业务系统中。

会计引擎的建立很多时候是被动的，首先是财务有了会计核算的要求，在没有建立业务与财务对接的情况下，传统财务是依靠手工录入凭证的方式来实现业务语言向财务语言转换的。随后，有人意识到，一些业务系统是有机会直接和财务系统进行对接的，而在针对某个专业的财务系统（非总账系统）和业务系统对接的过程中，使用翻译器，也就是会计引擎能够很好地处理这个对接过程，这就使得在一些专业的财务系统如费用报销系统、资金系统以及业务系统中分别搭建了会计引擎。最终形成的局面是在企业内部各财务、业务系统中，都或多或少地蕴含一些形态各异、功能差别较大、成熟度不一的会计引擎模块。

分散在各专业的财务或业务系统中的会计引擎模块，往往都是针对差异化的特定场景开发的，在建设过程中并不需要进行复杂的模型抽象，使得此类会计引擎比较容易实现。

（二）会计引擎的行业应用深度不一

从另一个视角看，会计引擎在我国各行业应用实践中的差异较大，其应用领域存在着一些优势行业。

对于大多数行业来说，会计引擎的应用主要还是简单地集中在费用报销和收付资金上。在过去数十年的发展中，很多企业都建立了电子报账系统和资金管理系统，而作为标配的系统功能，简单的会计引擎被内置于这两类系统中。

但在某些行业中，会计引擎不仅被应用于专业化的财务系统中，还在业务系统中实现了更为广泛的应用。比较典型的行业有金融业、零售业、电信运营业等，在制造业生产制造过程中基于 ERP 的高度集成，也能够理解为某种意义上的会计引擎。

例如，在保险行业中，其核心业务系统里通常会设有收付费系统，此系统本质上就是一个行业化的会计引擎产品。保险收付费系统会汇集客户承保、理赔等各项业务流程产生的业务信息,基于业务信息进行规则转换和合并处理,形成会计凭证。由于业务交易量庞大,往往很难基于保单级的单位进行明细记账,合并账务处理成为常见的处理模式。

由此可以看到,会计引擎在不同行业的应用往往存在着一定的特色和定制化场景。

四、统一会计引擎

(一)统一会计引擎的概念

统一会计引擎和传统会计引擎相比,核心就在于"统一"两个字。如上文中所说的,多数会计引擎都是搭建在其他财务或业务系统中,以一个模块的形式存在的;稍微好一些的,也就是在专业系统中圈下一块地盘,形成一个相对独立的子系统。

而这里所说的统一会计引擎则是希望能够打破其寄生系统的束缚,从各个系统中独立出来,形成一个专业化的系统平台。也就是说,统一会计引擎的一端对接企业内所有业务系统和专业财务系统,以获得信息输入,另一端对接会计核算系统和管理会计系统,以生成会计凭证并实现财务分析。

(二)建立统一会计引擎的背景和价值

多数企业的会计引擎在信息化建设的过程中以叠加的方式一步一步建立起来,但到了一定阶段后,这种被动建设的多会计引擎模式慢慢成为大型企业集团的负担。很多时候,会计引擎建立的时间阶段存在差异,难以遵循统一的、规范的技术标准,很难有效地监控这些翻译器的翻译质量,也逐渐在这些会计引擎背后埋下了一些隐患和风险。而由于多引擎维护的复杂性,科技人员往往并不敢对这样的平台展开深度优化,随着人员的流失及文档的遗失,对会计引擎的维护甚至成为很大的挑战。

因此,一些企业意识到,与其堆砌优化,不如将分散在不同系统中的会计引擎剥离出来,建立一个具有扩展性的统一会计引擎工具。这个工具一方面能够更加有效地支撑当前存量系统和业务单元的对接,提升运维质量,降低潜在风险;另一方面能够快速服务于新建立的业务或财务信息系统,以及新成立的业务单元。

（三）统一会计引擎的建立难点

我们必须认识到，统一会计引擎的建立具有一定的颠覆性，无论在前端的设计还是后续的推广实施过程中都存在困难和挑战。

其一，对于统一会计引擎来说，设计方面的挑战来自各种不同业务场景的抽象和提炼。由于起初对统一会计引擎的定位是对接所有的业务系统，因此要求好的统一会计引擎不仅能灵活支持现有的业务场景，还能支持未来的潜在业务场景。对于行业或业务场景并不充分的企业，此项工作很可能在拓展性方面面临很大的风险。因此，统一会计引擎的实践有可能来自一个行业覆盖广泛的大型多元化企业集团，或者来自一个拥有多行业存量客户的独立财务信息化厂商。不过，财务信息化厂商往往对不同行业下业务系统的理解不如前者深入。所以，大型多元化企业集团将更有胜算。

其二，当搭建了统一会计引擎后，在实施的过程中必然要面对存量会计信息的切换问题。事实上，人们对完全新建的事情总是相对放心的，反而对从已有向替代品切换的过程充满顾虑。在这个过程中，要说服各个业务系统及相关部门将现有的流程切换至新的平台，就必须对新平台的优势、可靠性以及转换风险的应对作出充分的解释，这往往会演变为一场变革管理。

（四）智能化下的统一会计引擎

尽管我们意识到统一会计引擎的建立难以一帆风顺，但同样看到的还有它建立后所带来的价值。而在今天，随着智能化技术的进步，我们有可能在建立统一会计引擎的过程中更进一步——借助智能化技术提升统一会计引擎的性能。

如同翻译领域对智能化技术的应用，统一会计引擎可以适当地应用机器学习技术，来辅助完善翻译器的翻译规则，即会计引擎的凭证转换规则。在建立统一会计引擎时，通常将优先基于所积累的经验来设计规则。但面对多行业以及全场景的复杂性，仅仅基于经验是不够的。而机器学习技术通过对标签化业务信息的输入和学习训练，能够更高效地提炼转换规则，提升会计引擎在面对新问题时的处理能力。

另外，还可以利用区块链技术，如果能够在业务系统、专业财务系统、核算系统之间搭建分布式底账，将会为提升会计引擎转换结果的可追溯性带来极大的帮助。

我国尚处于统一会计引擎建立的探索和尝试阶段，但其在大型多元化集团的落地应用并不遥远，未来出现面向社会提供服务的低成本甚至免费的、开放式的统一会计引擎平台也并不是梦想，而智能化技术在开发统一会计引擎平台上也能够发挥更大的价值。

第八章　智能时代财务共享服务创新实践

第一节　智能时代财务共享服务框架的智能增强

这里分析的是基于 CFO 基础能力框架展开的第四部分内容——财务共享服务框架。在中国，财务共享服务模式是于 2005 年左右兴起的，尽管这个时候西方国家对财务共享服务的应用已经较为成熟，但作为后来者，我国的财务共享服务发展呈现出逐渐加速的趋势，财务共享服务的热度飞速上升，已然成为国内大中型企业财务组织的标配。在这个过程中，财务共享服务中心的管理水平在快速提升，到今天，相对完善的财务共享服务管理框架已经形成。

一、财务共享服务中心设立管理

在通常情况下，管理层都会要求财务共享服务中心的设立具有一定的前瞻性和领先性。以往，财务共享服务中心的设立本身就具有浓烈的创新特征，我们需要向管理层阐明所采用的技术手段能够达到当前的市场水平或竞争对手的水平，并能够为企业自身的管理带来提升。很多企业在这个过程中也同步进行了与支持财务共享服务相关的信息系统建设，但总体来说，并没有超出当前互联网时代的技术水平。

而今天，在财务共享服务中心设立的过程中，无论是进行立项还是规划都必须考虑到即将到来的智能革命对财务共享服务的影响。笔者曾经为一家中国本土的世界五百强的家电制造企业做过财务共享服务规划和设计,在此过程中,其管理层就谈到过,希望未来的财务共享服务中心能够越做越小,而不是人数规模越来越大。这正是对智能时代财务共享服务中心设立的深刻理解。

在笔者看来,基于信息系统的高度集成,数据信息能够自由获取,规则的自动化作业辅以人工智能作业的新的共享服务模式正在到来,也会在不久的将来逐步取代当前基于大规模人工作业的共享服务模式。实际上,这一进程一直在进行,只不过受限于技术手段和数据质量,我们所能感受到的仅仅是优化性的进步,如一些跨国外包公司热衷于机器人流程自动化(Robotic Process Automation, RPA),就是在积极进行自动化替代人力的尝试。

因此,今天我们在财务共享服务中心的规划过程中,必须充分考虑未来智能化技术的影响,为当前财务共享服务中心的设立留下向智能化转型和拓展的接口。同时,我们必须认识到智能化很可能在未来几年内出现爆发式的技术发展,财务共享服务中心必须有充分的认知准备,紧随技术进步,及时调整自身的运营策略,采用智能化运营平台,以获得竞争优势。

二、财务共享服务中心组织与人员管理

智能时代的到来,对当今财务共享服务中心的组织与人员管理提出了不一样的要求。

首先,从组织职责及架构设置来看,今天的财务共享服务中心在传统职能的基础上,必须考虑一些用于自我变革的职能。实际上,有不少财务共享服务中心还在纠结是否要用自动化来替代人工,并顾虑对现有团队的利益影响。在笔者看来,与趋势逆行是不可取的,我们既应在当今的组织中继续优化传统的集中化人工作业模式,也应当设立创新科技组织,积极主动地展开自我颠覆,通过应用新技术,主动降低对人力的依赖,从而在这场变革中掌握主动。

其次,对于这一变革时期的人员管理,财务共享服务中心要充分做好应对自动化带来人力释放的影响的准备工作。把集中在财务共享服务中心的人力消化掉是一场变革。

财务共享服务中心应当在人员的职业发展上有针对性地考虑未来智能化的影响，提前做好人员的非共享技能培养，以帮助部分人员在智能化过程中逐渐分流至其他岗位，而减少刚性人员裁减带来的阵痛。

最后，在人员的考核上，财务共享服务中心应当更多地关注对人员创新能力的提升，传统的财务共享服务模式过于强调效率，这使得财务共享服务中心的员工并不热衷于使用新技术来改造现有的工作模式，而更倾向于一个稳定的工作环境。这对财务共享服务中心适应智能时代的发展变革要求是不利的，多一些主动的求变精神是智能时代财务共享服务发展的必由之路。

三、财务共享服务中心流程管理

业务流程优化是财务共享服务管理中极其重要的主题。在传统的流程优化过程中，我们试图通过对流程环节的挑战、运营方式的转变来找到优化机会。当然，财务信息化在这一过程中也发挥了重要作用，高度的业务系统和财务系统的对接，以及专业化的财务共享服务运营平台的建立，也大大提升了财务共享服务的流程效率。

智能时代的到来，让我们对流程优化有了更多的机会。例如，机器流程自动化技术成为人们关注的热点，它通过在全流程中寻找流程断点和人工作业的替代机会，在很多企业业务流程优化陷入瓶颈后，再次提升了流程自动化程度。

更值得期待的是，财务共享服务业务流程将伴随着基于规则的初级人工智能的应用，以及基于机器学习的人工智能的到来而获得更多的改进机会。在新技术的影响下，现有财务共享服务的流程会先从多人工模式转向"人智结合"模式，并最终迈向智能化模式。在这个过程中，业务流程的优化并不是一蹴而就的，而是会伴随技术等的发展一步一步地改进，并最终实现从量变到质变的转换。

同时需要注意的是，智能化对财务共享服务业务流程的影响是端到端的。也就是说，财务共享服务运营的输入流程也在变化中，而前端的流程智能化进程也会对财务共享服务后端的运营模式产生重大影响。很多时候，财务共享服务中心从人工向自动化、智能化的转变根本上就是前端流程直接带来的。

四、财务共享服务中心运营管理

目前,在运营管理方面,不少财务共享服务中心还停留在依靠人工进行管理分析的状态。因此,提升财务共享服务中心的运营管理水平,首先应当提升运营管理的基础信息化水平。

在提升基础信息化水平方面,可以借助信息系统实现绩效指标的管理,并应用于绩效看板和绩效报表。在准入评估方面,可以进行系统化的评估流程执行,并将评估模型系统化。在 SLA 和定价方面,能够基于系统进行 SLA 的各项指标的计算和出具报告,并据此结合定价标准测算出具各服务对象的结算报表。在风险管理方面,能够将风险控制与自我评价工具、关键风险指标体系及重大风险事项管理三大操作风险管理工具系统化,并应用于财务共享服务中心。在质量管理方面,能够将质量抽检、质量结果反馈、质量报告出具等质量管理过程系统化。在服务管理方面,能够建立邮箱及热线系统,以支持客户服务的专业化。

在智能时代,我们能够在上述信息化手段建立起来的基础之上,引入大数据技术,提升对财务共享服务中心在绩效分析、风险发现、质量评价、服务跟踪等方面的深入管理,依托更为丰富的数据输入,提升财务共享服务中心运营管理的层次。

五、财务共享服务中心外包及众包管理

外包与众包模式是企业财务共享服务中心采取轻资产运营的产物。外包模式由来已久,是相对传统的业务模式,而众包模式本身就是智能时代的创新产物。无论是外包还是众包,都能在从人工运营向智能化运营过渡的过程中,帮助财务共享服务中心解决人工智能作业所需要的数据输入的问题。

结合 OCR 技术,并辅以外包或众包,能够在现阶段比较好地完成财务业务处理输入数据的采集工作。这些数据的获取能够让我们有机会在财务共享服务中心应用基于规则的自动化作业或机器学习技术,在国内还需要大量依赖纸质原始凭证的环境下,率先实现智能化技术的应用。而在未来,前端数据的全电子化实现,将替代对外包或众包的

需求，财务共享服务中心最终会迈向全流程的智能化处理阶段。

第二节 大型企业集团财务共享服务中心建设的战略思考

随着国内财务共享服务中心的风潮渐起，不少大型企业集团加入了建设财务共享服务中心这个行列。但是大型企业集团建设财务共享服务中心和单一企业是不一样的，需要面对和解决更多的问题。下面从四个方面来展开战略思考。

一、大型企业集团建设财务共享服务中心需要面对的复杂性

大型企业集团建设财务共享服务中心需要面对自身独特的复杂性。

（一）多业态

大型企业集团经过多年的经营发展，有相当一部分已经实现了从单一业态向多业态的转变。对于此类企业，特别是对业态众多、跨度较大的企业集团来说，在建设财务共享服务中心时，在跨业态业务流程的整合与标准化、信息系统的整合与统一方面都将面对相当大的复杂性。

（二）高速增长

多数大型企业集团已经进入高速扩张和发展的阶段，基于投资兼并方式扩大自身规模的发展模式更是常见。在这样的背景下，建设财务共享服务中心要考虑到未来高速发展带来的拓展性，以及在投资兼并模式下，新企业进入集团后系统不统一、制度标准差异化的环境复杂性。

（三）高定位

对于大型企业集团来说，在当前阶段建设财务共享服务中心必须考虑到方案及实现后效果的领先性，以获得管理层对项目的支持。因此，大型企业集团在项目设立之初便会设定较高的目标定位，也为财务共享服务中心的建设带来一定的复杂性。

（四）技术环境复杂

大型企业集团的信息化建设往往错综复杂，如财务系统众多、业务系统与财务系统间的数据交互复杂等。在这样的环境下建设财务共享服务中心，其配套信息系统建设将影响现有的系统架构和接口，其技术难度也更高。

二、大型企业集团财务共享服务中心的变革风险

大型企业集团财务共享服务中心的变革风险包括与业务部门相关的风险、与财务人员相关的风险、与业务领导相关的风险及其他风险四个方面。

（一）与业务部门相关的风险

1. 业务流程转变带来的满意度降低的风险

风险描述：实施财务共享服务后，业务流程将发生重大改变，报账凭证将从面对面服务转变为异地服务。由于信息传递链条加长，如果管理不当，那么业务部门的服务满意度将存在下降的风险。

应对措施：在流程设计上应充分考虑上述因素带来的影响，减少对业务的冲击，减少不必要的审批环节，提升流程流转效率。同时，要加强对全流程的时效管理，借助信息化手段提升业务处理效率，推动服务体系的建立，提升业务部门员工的满意度。

2. 基层业务部门对变革抵触的风险

风险描述：由于对财务共享不理解，担心被集权或利益被触及，财务共享服务的实施必然会面对来自机构的业务和财务人员的抵触。

应对措施：在实施方案中应充分安排沟通宣导，解决其关心的核心利益问题，获取

各级领导和基层员工的支持。在实施过程中应尽量降低员工的抵触程度,缩短抵触周期。此外,应当明确业务部门比较敏感的领域不会发生变化,如资源配置权力、与银行等合作机构的关系等。

3.业务财务支持能力下降的风险

风险描述:实施财务共享服务后,基础财务核算和出纳职能上移至共享服务中心,如果没有及时落实基层财务的转型和业务支持模式,就容易导致基础财务支持的脱节,带来业务部门的不满。

应对措施:在进行财务共享服务方案设计的同时,应当同步考虑基础财务转型后的工作内容的设计,财务共享服务的实施不应当削减基层财务过多的资源,而应当保留适当的人员实现结构化转型。

(二) 与财务人员相关的风险

1.人员调动和分流的风险

风险描述:实施财务共享服务后,基层员工存在调动至共享服务中心、转型至业务财务、分流至其他部门甚至离开企业的可能性。人员的调动会带来员工难以适应异地变迁、产生抵触情绪的风险。

应对措施:针对基层财务人员进行财务共享宣导,及时了解基层财务人员的未来工作意向,在人员安排上尽可能实现匹配。积极做好调动和分流人员的安置工作,以保障变革平稳推进。

2.基层财务人员转型的风险

风险描述:在基层财务中涉及转型业务财务的员工,由于长期从事核算和出纳工作,此类人员的转型受其工作经历、学习能力的影响,可能出现部分人员转型困难的风险。

应对措施:通过多种方式加强对基层财务人员转型的培训,同时针对业务财务工作建立自上而下的指导体系,对各项工作建立标准化和模板化的工作指引,降低基层财务人员转型后的工作难度。

(三) 与业务领导相关的风险

与业务领导相关的风险包括两个方面。

1.标准化对业务领导管理习惯改变的风险

风险描述:在财务共享服务中心建设过程中会进行大量的标准化,在对业务制度(如分级授权体系)进行标准化的过程中可能会影响业务领导的管理习惯,从而使业务领导产生抵触心理。

应对措施:标准化的建立仍应当保留适当的管理自由度,通过管理模式套餐的方式,平衡差异化的管理需求和标准化的诉求。

2.信息系统建立后对业务领导审批习惯改变的风险

风险描述:实施费控系统和影像系统后,业务领导的审批模式将从纸面审批转变为电子审批,业务领导难以再见到实物单据,带来审批习惯的转变,部分领导难以适应,会带来抵触风险。

应对措施:大型企业集团需要从文化和理念上进行自上而下的转变,明确业务领导审批应更多地关注业务的真实性与合理性,财务审核的重点则是管控原始凭证的真实性。

(四)其他风险

风险描述:财务共享服务的实施需要完善的 IT 系统的支持,在较短的时间内完成费控系统、共享作业系统、影像系统等多个信息系统的部署;同时需要打通系统间的接口,尽可能实现业务的自动化处理,提高业务处理效率。由于涉及多家供应商,系统建设的项目管理存在风险。

应对措施:借助第三方监理进行统一管理,通过统一协调的管理平台,保障系统实现进度,控制实施风险。

三、大型企业集团财务共享服务中心的四种建设模式

(一)一盘棋模式

在这种模式下,集团业态往往比较单一,由集团总部牵头并主持财务共享服务中心的建设,各项具体工作也由集团来统筹完成。集团总部制定全集团财务共享服务中心的

总体规划路径，组织并负责实施推广。各业务单元在集团总部的统一领导下，全力配合财务共享服务中心的建设工作。因此，财务共享服务中心的建立往往是一鼓作气完成的，上线的时候就是统一的、完整的。这种模式可称为一盘棋模式。

（二）由点及面模式

在这种模式下，集团业态单一或者各业态的相关程度较高。集团总部在各业务单元分别选出几个试点单位，各业务单元试点单位分别建设各自的财务共享服务中心。之后，由集团总部根据各试点单位的建设成果，组织专人统一分析、提炼，形成集团统一的财务共享中心模式，并指导各板块其他成员单位进行推广与优化。这种模式可称为由点及面模式。

（三）制度先行模式

这种模式比较适合相关多元化集团。可以由集团总部先行出台集团整体的财务共享服务中心的规划与指引（包括组织建设与汇报关系、业务模式、服务机制、系统功能、制度体系等），各业务单元遵从总部的规范，结合其具体业务特征，自行建设财务共享服务中心。因此，最终建立的财务共享服务中心可能是基于多元业态板块的多中心模式或者一个大中心下多个分中心模式。

（四）上下结合模式

这种模式在实际中的案例并不多，可以考虑在非相关多元化的集团内进行尝试。在这种模式下，集团总部建立一级财务共享服务中心，将各业务单元具有共性的或易于集中的业务进行共享（如费用报销、资金结算等）。各板块将剩余的交易处理业务进行共享，形成二级共享服务中心（如应收、应付管理等），二级共享服务中心向一级共享服务中心汇报。二者需同步建立，因此从路径的角度可以理解为一种并行路径，这种模式可称为上下结合模式。

大型企业集团可以根据实际情况，灵活地选择和使用以上四种模式。

四、大型企业集团财务共享服务中心的实施策略

在复杂环境下,大型企业集团在建设财务共享服务中心时需要进行更全面、更严谨的准备,并在顶层设计和落地实现两个方面均予以充分的策略考虑。

在顶层设计层面,从"管模式"和"控变革"两个角度进行管理;而在落地实现方面,则可以重点关注"定标准""建平台"和"重实施"三个方面的内容。

(一)大型企业集团财务共享服务中心的顶层设计策略

1.管模式

大型企业集团的财务共享服务中心的模式构建,需要从定位、角色、布局、路径四个方面进行规划设计。

(1)定位规划

财务共享服务中心的建设将带动整个财务组织的变革。因此,大型企业集团需要清晰地规划设计财务共享服务中心与集团总部财务、下级机构业务财务之间的关系。在财务共享服务中心建立之前,应当明确其在整个财务组织中的管控、汇报关系,明确各项业务横向与总部其他财务部门、纵向与基层财务之间的职责边界。同时,大型企业集团还需要考虑财务共享实施后,如何推动基层释放的财务团队的转型。

(2)角色规划

财务共享服务中心的建设未必在集团层面,所以大型企业集团需要明确集团或总部财务在建设过程中的职能和角色。常见的角色定位包括仅进行总体规划和建立标准、规划并兼顾财务共享服务中心建设的项目管理、规划并直接负责共享服务中心的建设落地等。大型企业集团应当及早明确集团或总部的角色定位,并进一步明确其与下级机构之间的角色分工。

(3)布局规划

大型企业集团财务共享服务中心有单一中心和多中心两种模式,多中心模式又可基于流程、业态板块、区域或灾备等区分各中心的布局定位。大型企业集团建设财务共享服务中心时,应当提前明确布局规划,根据自身特点选择合适的模式。在选择时,大型

企业集团可从业务的多元化程度和对业务单元的管控力度两个方面综合考虑。

（4）路径规划

大型企业集团的财务共享服务中心建设难以一蹴而就，需要分批次有序推进，在推进路径上可以按照流程、地域或业务单元推进等多种不同的模式开展。各种推进模式均有利弊。总体来说，按流程推进对财务自身来说复杂性较小，而按地域或业务单元推进对业务部门的影响较小，大型企业集团可根据自身的实际情况进行评估选择。

2.控变革

在顶层设计阶段，变革管理的重点是风险的预先识别以及风险预案的准备。在变革过程中，大型企业集团需要将更多的精力付诸风险事项的过程监控。财务共享服务中心的建设需要重点关注和管理变革风险。好的变革管理，能够为项目的成功落地带来重要帮助。

（二）大型企业集团财务共享服务中心的落地实现策略

1.定标准

大型企业集团的财务共享服务中心建设需要着重关注标准化，从组织架构、业务流程、服务水平三个方面进行规划设计。

（1）组织架构标准化

在大型企业集团财务共享服务的推进过程中，组织架构标准化能够加快管理复制的速度，增强组织管控的力度。组织架构标准化首先需要对组织的职责进行有效的识别，先行建立流程和职责的标准化，在此基础上构建统一的管控关系和标准化的岗位体系。

（2）业务流程标准化

业务流程标准化首先应当构建清晰的流程分类体系，定义业务场景并建立业务场景和流程之间的对应关系，然后基于细分动作，进行属地、职责、支持系统的标准化定义，并形成流程模板，进而汇编流程手册。推进流程标准化将对大型企业集团的业务规范起到至关重要的作用。

（3）服务水平标准化

大型企业集团的下级单位数量众多，人员规模庞大，推进服务标准化尤为重要。财务共享服务中心应当明确其对客户的服务模式、服务边界，并建立制度化的服务规范。

在和下级单位客户进行内部结算时，财务共享服务中心还需要制定相关的指导标准，以明确双方的权利责任关系。服务管理相关内容也可以通过服务水平协议的方式进行规范和标准化。

2.建平台

大型企业集团的财务共享服务中心需要建立相关的系统平台和统一的运营支持平台。

（1）规范系统平台建设的要求

大型企业集团在建设财务共享服务中心时，应当对未来系统平台的架构进行规划设计，明确财务共享服务支持系统的主要功能、系统架构以及与外围系统进行集成的总体要求，进行合理的系统选型、需求设计、功能开发。同时，对于系统平台的建设，大型企业集团还需要设计完备的上线策略，妥善安排相关人员的培训。

（2）建设运营支持平台

大型企业集团财务共享服务中心的团队规模相对庞大，需要建立统一的运营支持平台，以提升整体的运营效率。在集团层面建立运营管理团队，形成自上而下的抓手尤为重要。在具体实施时需要明确集团财务共享服务支持平台的职能职责、工作方式，明确各级财务共享服务中心的运营绩效要求，并对结果实施评价。

3.重实施

财务共享服务中心的最终落地是一个注重细节、复杂的过程，需要相关各方投入资源和精力。集团和总部更应当积极地参与各级财务共享服务中心的建设，树立标杆，推动全局计划的落地实施。

大型企业集团财务共享服务中心的建设需要谋定而后动，从顶层设计和落地实现两个方面进行全面考虑，控制实施风险，提升实施效果。

第三节 众包模式与机器作业的前置准备

在财务共享服务领域引入众包的概念，的确是相对创新的一件事情。对此，很多人有这样的疑虑：既然已经是共享模式，已经基于科学管理思想通过集中作业的方式在进行劳动分工，为什么还需要众包呢？

在笔者看来，众包出现于财务领域和智能时代的来临有着密不可分的关系。在人工智能和财务共享服务中心的人力替代战争中，众包模式是机器作业的前置准备之一，它正在和人工智能一起向传统财务共享服务模式发起进攻。下面深入探究众包模式的特点、落地措施以及将其作为机器作业的前置准备的原因。

一、众包模式的特点

众包是指一个公司或机构把过去由员工执行的工作任务，以自由自愿的形式外包给非特定的（而且通常是大型的）大众网络的做法。

众包模式和传统的运营作业模式存在着显著的差异，并具有任务颗粒化、技能低门槛、时间碎片化、组织网络化和收益实时化五个特点。

（一）任务颗粒化

众包可以说是劳动分工更为深化的应用场景。如果说劳动分工理论把一个复杂的业务处理推动为流程化、分环节作业的模式，那么众包模式就进一步将工作任务化，达到了更细的颗粒度。

（二）技能低门槛

任务颗粒化直接带来的好处就是任务的复杂性得到降低，每一个小的任务颗粒对技能的要求将大大小于组合起来的一个完整的流程环节对技能的要求。这使得社会上大量的没有掌握复杂技能的普通人员能够参与众包的工作，并且使用极低的成本来完成相关工作。

（三）时间碎片化

在传统的流程管理中，往往需要整块的时间来完成某一项工作，而且流程中间多数是串行关系，要求工作时间具有连续性。而在众包模式下，任务颗粒化后会出现越来越多的在同一时间内的并行任务，从而对时间连续性的要求有所下降，形成任务处理时间的碎片化，因此可以由互联网上的众多个体在同一时间并发完成多种类型的任务。

（四）组织网络化

当技能门槛降低、任务颗粒化且时间碎片化后，众包的人员组织形式可以实现网络化。众包会有大量的社会化资源参与，形成网状的任务交付结构，而最后由任务的发包方完成这项任务的流程化组装和应用。

（五）收益实时化

对于众包网络中完成任务的个体来说，由于单个任务的收益很小，实时的收益计量是其持续参与的核心动力，收益实时化并不是要求随时支付，而是可以实时告知作业用户获得了多少收益，定期进行结算。

上面所述就是众包模式和传统运营模式的显著不同之处。

二、众包模式的落地措施

由于众包是新兴的创新模式，从方法到平台各方面均存在挑战。要成功实现众包模式的落地，达到预期的效果，就需要在前期有严谨的思考和设计。下面从确定可众包的业务内容、满足众包平台的搭建要求、确定众包平台的核心功能以及构建众包的运营模式四个方面来谈谈如何实现众包模式的落地。

（一）确定可众包的业务内容

在评估是否可以众包的时候，有几个原则需要加以考虑。

1.业务是否能够进行充分的标准化乃至颗粒化

复杂的业务没有办法让技能单一的社会参与者进行处理,必须进行颗粒化拆分,而能够拆分的前提就是可以标准化。

2.任务必须不存在信息安全隐患

众包的对象和信息的流转渠道是完全不受控制的,所以发包信息必须不存在信息安全隐患,否则会产生风险。

3.对于时效的要求有适度的容忍性

众包需要有派工、等待、双人核验等过程,如果等待超时则还要有二次分派的过程,尽管可以对时效进行一定的管控,但如果对时效要求极高则不适合进行众包。

基于以上分析,在财务流程处理中有哪些业务内容可以考虑纳入众包的范围呢?以费用审核为例,如果从人的动作的角度来看,则审核过程可以分解为"信息的读取"及"和既定规则的比较"。"和既定规则的比较"属于技术含量较高的部分,并不适合众包处理,在未来需要更多基于人工智能的机器审核完成。

从可操作性上来说,"信息的读取"可以考虑作为众包的核心内容。它能够满足上文中所提到的标准化和颗粒化的要求,并且对人的技能要求不高。而这个环节的产出也可以作为智能审核的数据基础。在实践中,标准发票、企业结构化单证中涉及的科目和金额,如果在风险控制线内,则可以采用众包模式来进行信息录入。

(二)满足众包平台的搭建要求

在具体实操的过程中,需要有平台来支持众包业务。在具体的平台设计上,应考虑以下搭建要求。

1.平台具有高稳定性

由于是面对大用户量的平台,因此需要能够在大并发下高效率响应。此外,由于每个任务都是颗粒化的,单任务处理的周期短,任务会频繁地被分发和回收,进一步加剧了性能压力。因此,平台需要具有高稳定性。

2.平台具有高安全性

由于在平台上直接处理的是财务单据信息,虽然是碎片化分割出去的,但一旦发生数据泄露,大量碎片的再组合就会出现完整的、有价值的商业信息。因此,平台需要在安全性上给予很高级别的考虑。

3.平台具有高易用性

如果平台操作复杂,则多数用户会难以适应,甚至根本无法开展工作。因此,在设计平台时需要尽可能做到傻瓜式设计,降低上手难度,使平台上的作业轻松愉快,而非充满挑战性和复杂性。

4.平台需要兼顾PC端和移动端

在参与众包的用户中:一类是以此为主要收入来源的固定用户,每天会处理大量任务,追求作业效率,此类用户适合使用PC端作业;另一类是以娱乐和赚取零花钱的心态参与众包的非固定用户,此类用户有碎片化作业的需求,更适合使用基于App或微信小程序的移动端作业。

(三)确定众包平台的核心功能

1.任务拆分和组装的功能

在通常情况下,众包平台并不是任务的源头,需要从其他系统中导入任务。进入平台的任务是整件业务,需要在平台中进行拆分,并建立关键索引,后续派工基于拆分后的碎片任务进行,作业完成后,需要在平台中进行进一步的任务组装,组装时基于任务拆分时的关键索引进行。

2.任务分派和调度的功能

平台不适合进行主动式任务推送,因为我们并不知道众包平台用户现在是否有意愿进行任务处理。所以,平台的任务分配采用主动提取式。主动提取后的任务需要设置基于时间的调度管控。用户很可能在提取任务后因为突发情况或者主观意愿,放弃了对当前任务的处理,这就需要对所有任务设置倒计时管理,在计时结束后对没有完成的任务进行取回重新分配。

3.多人作业核验的功能

由于作业质量无法按传统模式进行流程化质量检查,因此需要在机制上进行特别的设计,常用的模式是双人作业、系统核验,就是将同一个任务同时分派给两个不同的作业人。如果作业结果一致,则认为任务质量是合格的;如果不一致,则引入第三人作业,将其作业结果与前两人的作业结果比对。如果一致,则以一致结果为准,否则转入问题处理。

4.计费和结算的功能

由于要对社会上零散人员进行计费和结算,这就需要基于任务来定义计费单位,如录入类任务可按字节计费,审核任务可按复杂度和页数来综合计费。无论采用何种方式,都要保证计费依据客观、可度量。系统根据数据自动计算用户作业绩效,并自动结算。此外,可考虑支持网络结算。

5.用户和用户能力管理的功能

由于平台用户量大,因此需要进行必要的身份验证,如身份证核验、技能证书核验等。此外,还需要建立基于作业质量、信用、技能等的综合模型,对用户进行分类分级管理,允许晋升用户的级别。

（四）构建众包的运营模式

有了平台后,再结合科学的运营模式,可以正式实现众包模式的落地。在通常情况下,众包的运营模式从目的的角度可以分为两大场景:一种场景是以参与方的身份,从解决自身人力需求出发,希望将众包模式作为工具来应用;另一种场景是以运营方的身份,将自身转型为服务平台,为更多的企业提供众包服务。两种不同的身份在众包运营中的考虑是显著不同的。

1.参与方运营模式

作为参与方,重在使用和利用好众包。因此,参与方只需要专注于如何推广众包平台,将用户吸引到平台上来进行作业,并且保持稳定的质量。在这个过程中,主要需要考虑以下几点:宣传推广众包平台;找到恰当的定价水平;加强平台用户的黏性。

2.运营方运营模式

运营方需要完全覆盖参与方的角色。上文中所谈及的参与方的各项运营要点,运营方都要做到,甚至需要做得更好。而在这一基础之上,运营方还需管理好任务的来源。对于运营方来说,最重要的是让平台变成中介,能够在平台上导入大量的任务,同时也有大量的资源来承接运营任务。运营方如果要向众包平台上的大量企业客户发布任务,则需要做好以下几项运营工作:吸引企业客户进驻平台;面向企业客户提供稳定高效的系统对接服务、专业化的服务支持以及丰富的数据支持。

三、将众包模式作为机器作业的前置准备的原因

上文分析了众包模式的特点、众包模式的落地措施,下面论述将众包模式作为机器作业的前置准备的原因。

实际上,在理想的机器作业模式下,原始数据最好不要依赖人工采集。也就是说,前端的各类信息系统,包括业务系统和财务系统,能够为我们提供用于规则审核的完整的数据信息。

但遗憾的是,至少在目前的条件下,还很难做到这一点。一方面,外部环境中存在大量的纸质发票,使得我们必须去提取这些纸质发票的信息并验证其真实性。另一方面,在企业内部由于管理水平还没有完全跟上,很多业务单证仍然是纸质形态,且难以做到高度结构化。在这种情况下,还是要依赖人工完成前端信息的提取,为后续的机器作业提供必要的数据基础。而在传统财务共享服务模式下,财务共享服务中心的员工难以适应低专业性的工作,会严重降低职业兴趣。众包模式的出现正好填补了这一阶段性的空白,在后端已经有能力进行机器作业的情况下,前端用众包模式能够低成本地实现信息的采集和输入。因此,我们说众包是机器作业在特定时期、特定环节中的前置准备是不为过的。

当然,这种局面并不应该持续很久,来自各方面的力量都在试图改变这种前端非电子化的财务信息输入。未来,随着电子发票的快速普及和推广,发票信息会实现全面的电子化,这将大大推动后续基于人工智能的机器作业。

与此同时,伴随着 OCR 技术的进步,将机器学习技术应用到 OCR 工具中,可以提高识别率,使得我们有条件实现更为广泛的各类业务单证的自动化信息采集。这一模式也将大大减少对众包的依赖,而众包与 OCR 技术的结合,能够成为电子发票全面推进前的过渡,成为为机器作业提供数据基础的最佳拍档。

第四节 RPA 财务机器人

目前,各家公司的财务机器人在互联网上得到热议,充分激发了人们的好奇心。在第一次看到财务机器人的概念的时候,很多人在脑海里浮现的是一个机器人形象,同时还会存在一个疑问——这个机器人是否已经实现了人工智能,能否基于机器学习自行处理很多复杂的场景。下面将对 RPA 财务机器人进行具体论述。

一、RPA 财务机器人的特征

RPA 财务机器人的本质是一个软件产品,它并不复杂,甚至比想象中的还要简单。它主要有以下七个特征。

(一)以跨应用系统的外挂形式存在

在存在形态方面,RPA 财务机器人并不是一个独立的复杂系统,它有点像游戏外挂,是在企业现有的系统上进行的嫁接。例如,用户电脑中的两个应用系统 A 和 B,原先需要通过人工将 A 系统中的数据读取出来,再由人工录入 B 系统,现在可以借助 RPA 财务机器人在两个系统之间连接一个外挂,自动将 A 系统中的数据提取出来,并填充到 B 系统中。RPA 财务机器人并没有和 A、B 系统进行深度集成,而是一个外部挂机的自动化脚本通道。

(二)能够进行可视化的监督管理

对于 RPA 财务机器人来说,很重要的一点在于它建设了针对跨应用程序运行脚本的监控平台。如果没有这个可视化的监控平台,RPA 财务机器人就和科技部门在后台写的脚本程序更像了。这样的一个前台可视化的监督管理工具,能够记录 RPA 财务机器人完整的行为,并且使这些脚本在可监督模式下运行。

（三）可以通过简单的开发实现

从应用实施的角度来说，RPA 财务机器人是比较简单的。它与 Office 宏的概念十分相似，并不需要通过复杂的开发就能够实现应用，最多达到类似于 VBA（Visual Basic 的一种宏语言）的复杂程度。当然，从技术层面来说，Office 宏或 VBA 工具仅能在一套应用程序体系内使用，而 RPA 财务机器人能够在统一操作平台上打通多个应用系统。

（四）部署周期很短

RPA 财务机器人有成熟的产品体系，能够进行简单、快速的部署实施。从时间周期上看，一个简单的场景可能几天就可以完成开发，数周时间就能够实现可用。但需要注意的是，RPA 财务机器人的实施需要在流程梳理方面下功夫，对于可以应用 RPA 财务机器人的流程场景的识别，以及使用 RPA 财务机器人后流程的标准化管理机制的设计和应用都是需要重点关注的。一个缺少标准化约束的机器人将是财务工作的灾难。

（五）基于设定自动执行流程

RPA 财务机器人一旦部署完成后，就可以基于计划任务或触发条件来自动执行，而不需要依靠人工进行触发。当然，自动执行的背后同样需要对流程的事先设计，以及对流程执行的时间和顺序节点进行有效的事件管理，自动执行后的 RPA 财务机器人也需要进行必要的监控。

（六）善于解决重复应用场景

RPA 财务机器人最擅长的事情就是对流程中一个重复的人工场景进行自动化。虽然从优选的角度来说，我们会考虑进行系统的深度集成，从根本上解决问题，但是在有些情况下需要人工衔接的系统并不在我们的掌控之下，如纳税申报，需要与税务系统进行对接，系统集成就受制于监管系统的开放程度，而 RPA 财务机器人可以在这种情况下发挥其外挂的长尾价值。

（七）能够模拟人的行为串行执行

以 Office 宏为例，RPA 财务机器人能够把一连串的流程整合起来并进行拟人化的执行，比如执行复制、粘贴等系统已经内置的操作命令，并串起一个流程。这个过程是高度模仿人的行为方式来进行的，而深度集成则类似于空气动力学让飞机飞起来的模式。

可以说，RPA 财务机器人走的是仿生学道路。它用一个独立于企业现有业务系统的应用程序，在不改变现有系统对接方式的情况下，模拟原本依靠人工执行的系统内或系统间的衔接操作。比如，销售系统中的订单数据原本要靠人工录入 ERP，RPA 财务机器人就会模拟这个过程，将销售系统中需要录入的订单数据读取出来，并登录 ERP，模拟人工录入的方式，把数据录入进去，然后和人工一样，单击"保存""提交"。这就是 RPA 财务机器人。

二、RPA 财务机器人的阶段定位

下面要说的一个重要的认知问题是，RPA 财务机器人在整个智能化的发展进程中是怎样的一个阶段定位。

在正常的演进路径上，我们从独立部署的系统开始，积极地推进系统间集成，最终完成全流程的无缝对接和高度自动化，同时也在另一条路径上实现了机器学习和人工智能。而 RPA 财务机器人让我们可以不用去解决复杂的问题，即使没有系统集成，它也可以为我们架一座桥，帮助我们完成任务。

在笔者看来，没有 RPA 财务机器人，主线任务还是会继续前进的，财务迈向人工智能的路径不会受到任何阻碍，而 RPA 财务机器人作为支线任务，应该看清楚自身的定位。在整个过程中，RPA 财务机器人是有自身的价值和定位的，但是这并不是必要条件，即使企业没有选择使用 PRA 财务机器人，同样也能够从独立系统正常迈进高度集成与自动化、人工智能之路。

因此，结论是 RPA 财务机器人并不是迈向人工智能的必经阶段。

三、RPA 财务机器人的价值

虽然 RPA 财务机器人并不是迈向人工智能的必经阶段，但是 RPA 财务机器人还是具有一定的价值的。

RPA 财务机器人的核心价值在于对现有企业系统或流程集成不足的补充，而并非根本解决。同时，它对企业迈向真正意义上的人工智能的帮助是有限的。在笔者看来，有限的价值主要体现在实施过程中，对系统和流程断点交互规则的梳理，这对未来实现真正意义上的集成和自动化是有所帮助的。

在企业的实践中，对于财务的日常工作，尤其是集聚了大量手工作业的财务共享服务中心来说，RPA 财务机器人有着不小的价值挖掘潜力。作为一个阶段性地减少人力的工具，RPA 财务机器人是一个不错的选择。

四、另类高级财务机器人的设想

从上面的分析中能够看到，RPA 财务机器人在企业的财务场景中解决了一部分特定条件下的自动化问题，是一个良好的解决方案。笔者在此基础上进一步思考，在深度集成和 RPA 财务机器人之间，是否还有其他的可能解决方案？

在这种思路的引导下，笔者提出了一个另类财务机器人的设想，不妨称之为高级财务机器人。

（一）高级财务机器人的特征设计

具体来说，高级财务机器人具有以下几个特征。

1.能够解决特定的财务自动化场景问题

RPA 财务机器人通过采用脚本工具，解决多场景流程断点的问题，它是一个通用工具，以不变应万变。而笔者定义的高级财务机器人则首先识别财务中具有高度需求的自动化场景，并针对这些高频场景分别设计专业化的财务机器人，用专业化的机器人解决专业的事情。所以，高级财务机器人将解决特定的财务自动化场景问题。

2.能够可视化管理

高级财务机器人与系统内的代码不同,每个处理专门问题的高级财务机器人都需要实现可视化的管理。可视化管理的窗口能够动态监控每个高级财务机器人的自动化处理业务量、稳定性及积压情况,并在必要时提示管理人员进行干预。

3.能够封装且独立运行自动化规则

由于是针对特定场景进行的个性化机器人设计,因此会考虑针对每一个高级财务机器人,在其内部封装一套独立运转的自动化处理规则。这套规则与其服务的业务场景相匹配,也是这类场景的高度抽象,能够满足不同企业在统一场景下的应用。

4.具有清晰的输入、输出并能够进行规则配置

每一个高级财务机器人都需要有标准化的输入和输出接口,并允许用户在前台界面对其自动化处理规则进行参数化配置。尽管解决的是同一场景的问题,但其中仍然会存在大量针对应用细节的参数化配置。

5.能够具备产品化的条件

之所以要把高级财务机器人从集成系统中分离出来,就是希望它能够存在产品化和复用的可能性。这样,一个系统集成环境复杂但存在多个类似场景的企业集团,可以对它进行充分的复用,甚至可以将其作为一组应用产品推向市场。

(二)高级财务机器人应用的财务场景

当对高级财务机器人有了一个整体的想法后,可以进一步思考,将它应用于什么样的财务场景,或者说将什么样的财务场景封装为一个高级财务机器人。

在这里,笔者举一些简单的例子。比如在发票的信息采集过程中,需要使用 OCR 技术,并通过人工来进行非可靠信息的补充录入。这一过程就可以封装为一个高级财务机器人。另外,基于人工配置规则的费用自动审核过程也可以成为一个独立的高级财务机器人。

可以想到的例子还有很多,如基于机器学习的自动审核过程、发票真伪校验、银企对账等,都可以成为具有推广价值和产品化价值的高级财务机器人。笔者希望看到的是在财务领域经常困扰大家的人工场景都可以封装并组件化,这相对于当前的 RPA 财务机器人来说会对财务领域有更大的帮助和价值。

当然，以上对高级财务机器人的设想还在笔者的概念设计中，同时，笔者也正在积极地推动其落实。

第五节 人机协同

在财务共享服务领域，业内同仁一直都在关心什么时候人工智能才能开始向人工作业发起总攻，并最终实现机器取代人工。尽管这在未来是必然的趋势，也是让人充满憧憬的，但也必须认识到，这一进程是需要时间的，并且是循序渐进的。而在这一进程启动时，基于人机协同的初级人工智能模式成为现阶段可行、可落地并且能够快速提升财务共享服务中心产能的机遇。

一、财务共享服务中心智能化的基础

在我国，财务共享服务中心是近十年来受到高度重视，并快速发展起来的创新财务运营模式。在这个过程中，财务共享服务中心本身体现了财务的创新和自我突破的能力，很多企业通过建设财务共享服务中心实现了从分散运营向集中高效运营的转变，并在这个过程中提高了运营效率，降低了成本，提升了风险管控能力。时至今日，智能化的到来让财务共享服务也感受到了进一步提升的压力。越来越多的企业在建立财务共享服务中心的同时，已经不得不进一步思考智能化会带来怎样的影响。值得庆幸的是，我们能够看到，财务共享服务为智能化建设打下了很好的基础，推动中国的企业在智能化的浪潮中不断发展。

财务共享服务中心所具备的规模效益、规则标准以及信息技术基础，让我们能够更容易地抓住智能化的机会。

（一）规模效益基础

对于智能化来说，作业规模越大，所带来的规模效益越显著。这也是人工智能技术在金融、电商等产业规模及数据量庞大的行业率先得到应用的原因。而我们在考虑将人工智能技术应用于财务领域时，同样需要找到具有规模效益的场景作为切入的机会点。在这一背景下，我们不难看到，财务共享服务中心的特性与规模效益是高度契合的。

财务共享服务中心从本质上实现了类似于会计工厂方式的集中运营作业。在这种模式下，大量原先分散在各分支机构处理的财务业务，被集中至财务共享服务中心，按照流程化的模式进行运营处理，这种基于专业分工的大规模作业较之传统财务呈现出极大的规模效益。而在智能化模式下，通过机器作业对当下大规模人工作业的替代，规模的价值将得到进一步的挖掘，为财务共享服务中心智能化奠定扎实的规模基础。

（二）规则标准基础

智能化的实现建立在数据的基础上。规范化、标准化的数据基础能够加速智能化的进程。而在获得了被打上丰富标签的数据后，我们就掌握了大量优质的生产资料，通过对业务处理的规则化，智能系统能够基于生产资料形成生产力。

对于财务共享作业来说，我们需要将大量的来自业务前端的原始凭证通过审核作业规则处理，进行合制度、合规与否的判断，并形成会计信息的产出。在传统模式下，这个过程是依靠将审核规则交由每个作业人员学习掌握后，再基于人工来进行处理的。而智能化在财务共享服务中心的实现逻辑也是类似的，唯一的差别在于需要通过信息系统来获取规范化的数据，并将规则梳理植入系统来进行作业处理。

值得庆幸的是，财务共享服务中心为了更高效地培养作业人员，在对作业规则的标准化上已经进行了大量的前置工作。大量原先要靠所谓专业判断力进行解析的制度、规则，在财务共享服务中心已被清晰地定义，这使得我们可以进一步考虑将这些规则拆解为计算机能够理解并执行的部分，以减少大量的工作量。试想，如果没有经历这一过程，智能化规则梳理将是一个难以应对的挑战。

（三）信息技术基础

我们必须意识到，智能化是信息技术的进化。也就是说，我们很难在智能化的进程中实现跳空式的发展，即使是基因突变也要有突变的基础和载体。对于智能化来说，互联网技术和信息系统是其最基本的载体。

尽管早期也有一些财务共享服务中心尝试基于脱离信息系统的人工流程来进行处理，但很快便发现这条道路之艰难，并快速地转型为信息化。而今天，大部分财务共享服务中心都使用了影像系统、共享派工、运营管理等作业工具，也实现了与会计核算系统、资金系统的自动化对接与制证。这些技术的广泛应用，让智能化在财务共享服务领域的实现具备了良好的技术基础，也避免了跳空危机。

二、财务共享服务中心的人机协同智能化

当认识到财务共享服务中心具备的智能化的基础之后，越来越多的企业跃跃欲试，希望能够抓住智能化的机遇，在财务共享服务之路上实现向智能化的大转折。尽管目标是清晰且美好的，但现实是残酷的。新兴技术与财务共享服务场景的融合并不是一件容易的事情，一步实现智能化，实现机器替代人工作业似乎并不可行。在大量实践基础的积累之上，一种变通的思路被提出，即基于人机协同的智能化，让财务共享在智能化之路上实现质的突破。在人工与机器自动化相结合的条件下，借助 OCR、网关、风险分级引擎、规则引擎所构建的人机协同智能共享技术成为过渡阶段一种具有落地性的选择。

（一）数据采集的人机协同

要实现财务共享的智能化，首先要解决的是原始凭证如何数字化的问题。遗憾的是，当前财务原始凭证的结构化水平严重不足，在营改增之前，我国的发票种类繁多，要想获取发票中的信息，更多的是靠财务共享作业人员逐张审视。这种状况在最近得到了改善，随着营改增的推行，越来越多差异化的发票样式向增值税专用发票和普通发票统一，使得我们有机会采用新的方式来处理原始凭证。OCR 技术在这一领域被积极

地运用。

事实上，利用 OCR 技术提取发票信息的实践一直在进行着，但在原始凭证特别是发票种类繁多的时候，使用 OCR 技术的难度是很高的。现行的 OCR 技术主要还是基于模板配置的方式来进行采集准备的，模板开发和优化的工作量巨大，再加之识别率的不足，使得不少尝试以失败告终。但随着发票样式的统一，这一模式再次被提上议程，基于 OCR 技术，针对增值税专用发票和普通发票的定向优化，能够将识别率提升到可接受的水平。

但我们必须认识到，100%的 OCR 识别率是难以做到的，这使得全自动化的最后一步难以迈出。在这种情况下，人机协同模式的出现打破了僵局。通过在流程中植入 OCR 的人工补录流程，我们能够以较小的代价来实现全信息的数字化。通过实践可以看到，人机结合的 OCR 采集模式充分利用了识别技术的优点，也克服了阻碍最后一步的难题。当获取了完整的信息后，下一步的自动化机会将呈现在我们的眼前。

（二）共享派工的人机协同

在缺少数据支撑的情况下，财务共享服务中心在作业时通常是采用随机派工的方式，通过强制分派或者抢单的方式来实现作业任务的分派。这种方式的优点在于能够带来任务分派的公平性，减少不必要的协同问题。但采用随机分派的方式，忽视了不同任务之间风险水平的差异，也忽视了共享作业人员之间能力的差异。

我们在尝试去正视这个问题时会发现，如果能够将任务的风险水平与员工技能水平匹配，就能够获得收益。这种收益来自风险更高的任务由技能更强的员工来进行处理，从而提升了管控风险的能力，而低风险的任务交给系统或者低水平的员工来进行处理，进而降低了成本。这打破了现行共享服务主流的大锅饭模式。而我们能够使用计算机进行自动的信用与风险分级，再结合相匹配的人工作业，就实现了另一种方式的人工协同。

当然，要做到这一点并不容易，最大的挑战是如何识别并定义每一个进入共享中心派工池的作业任务的风险等级。在原始凭证数据化之前，这是很难实现的，但随着数据采集人机协同的应用，我们获得了更为广泛的财务数据，在此基础上建立风险的分级模型，将任务分成不同的风险等级，并进行差异化的派工处理。但是在这个阶段，任务分级的模型算法更多的还是基于人员的作业经验,这在一定程度上限制了人机协同能力的最大化实现。

(三)共享作业的人机协同

共享作业的人机协同是最后一个环节,也是最重要的一个环节。在传统的财务共享服务模式下,共享作业任务的处理主要依靠作业人员掌握审核作业的规则要求后,进行人为的判断处理。这种处理方式虽然采用了劳动分工的科学管理方法,通过标准化降低了人工处理的难度,但是其背后仍然需要大量具有丰富经验的财务共享服务人员作为支撑。

在这种情况下,人们不断寻找更好的方式来进一步优化共享作业模式,对于利用系统进行自动化处理的探索也一直在进行着。但受制于前端数据的不足,以及系统进行自动化处理的工具局限性,这一尝试的进展也是有限的。

但随着原始凭证基于采集人机协同的数字化进程的推进,一种使用规则引擎进行自动化处理的人机协同方式被提出。在传统模式下需要靠人记忆并执行的作业规则被进一步颗粒化,并被植入规则引擎中。规则引擎依靠丰富的数据输入以及所设置的颗粒化规则进行批量审核作业,所有规则校验通过的任务将免除人工处理,出现异常审核结果的任务将被转为人工处理。当然,这里的任务是指在上一环节中识别出的低风险任务,高风险任务仍然建议由人工处理。

在这个过程中,一个非常重要的概念是"规则引擎"。规则引擎可以理解为一个业务规则的解析器。在这个解析器中,原本一个相对复杂的规则被要求拆分为相对简单、可定义的规则包。每个规则包都涵盖了数据输入、算法处理、输出反馈的过程规则。而规则引擎允许我们定义大量的规则包,并将这些规则包管理起来协同运作,实现了将复杂的人工审核过程自动化处理。

这件事情说起来简单,但在实际的开发实现过程中需要克服几个困难:首先,需要让业务团队理解规则引擎中规则包的处理能力,也就是颗粒度。业务人员只有理解了这个概念,才有可能保证所拆解的规则颗粒是系统可实现的。其次,业务人员在理解规则包颗粒度的基础上,将共享作业规则进一步拆解和颗粒化。每一个拆解的规则都需要满足规则包所设定的可处理要求,不重不漏。同时,这些规则高度依靠经验提炼,带来了需求人员的依赖性。最后是规则的系统化。实际上，不少规则引擎还难以做到完全由业务人员自主定义，通常还有不少复杂的规则包要通过开发来实现。这些规则包需要消耗大量的开发资源，而且如果没有建立很好的需求和开发文档管理，就会造成潜在的规则或算法风险。

针对这些挑战，我们期待有更好、更灵活的规则引擎产品出现，使得共享服务智能化的发展进入高速时代。

三、未来机器学习与财务共享的进一步智能化

人机结合模式的应用让我们在财务共享服务中心自动化、智能化的进程中找到了一个阶段性的过渡方法。但这并不是终点，一个好的平台应当尽最大可能消除人工干预的断点。通过技术手段，将人机协同进化为人工智能的闭环是未来的必由之路。

在今天，我们已经看到人工智能技术高速发展所带来的希望。特别是机器学习领域的突破，帮助我们在OCR、风险分级和共享作业三个领域有了一定的突破。

（一）机器学习提升OCR识别率和识别范围

传统的OCR技术是基于一套设定的流程来执行的。首先，对于输入的图像需要进行预处理，例如二值化、去噪、倾斜矫正等。其次，进行版面分析，将文档图片切分成一个个小的部分。对于发票来说，这种切分是可以基于发票的版面来进行预先设定的。最后，进行字符切割，将一个个汉字独立出来，并根据预先设立的字库对比来进行汉字识别。但这并不是最终的结果，还可以进一步基于语言上下文的关系来矫正结果，这被称为后处理。在这种模式下，识别率受到多种因素的影响，特别是在字库对比和后校验环节很容易出现问题。

基于机器学习的OCR方式，能够通过对大量带有特征值和结果标签的影像进行监督学习，就像做题一样，告诉OCR引擎题目和答案。通过大量的训练后，机器学习能够自主地找到提升识别率的优化算法，从而持续地提升OCR的识别率。这种方法在针对同一性质的原始凭证进行大量的学习训练后，能够有效地提升OCR的识别效果。

语义学习在 OCR 的后处理环节同样能够发挥作用。基于机器学习进行持续的语义训练，能够帮助 OCR 在后处理时以更接近人的思维逻辑，在几个模糊的、可能的选择中找到更正确的答案。持续的训练，同样能够提升后处理的精准度。

基于以上两个领域对机器学习的深入应用，能够不断提升 OCR 的识别率。同时，在一些传统 OCR 技术难以识别的领域，特别是手写体领域的识别将得以突破。事实上，不少针对 OCR 机器学习的应用领域已经出现了达到商用级别的产品。

（二）机器学习提升风险分级精度

在传统技术下风险分级规则的设定是基于人的经验来总结的。这就必然会面对人的能力经验的局限性，甚至很多时候，缺失相关经验使得这一动作直接被搁置。

对于风险分级来说，其核心逻辑是基于输入的数据信息，评价每一份原始凭证的风险等级。这一过程和金融行业的信用评价体系是类似的。当获得了大量的输入后，我们可以通过所设定的算法得到一个风险评价的结果值。

当机器学习被应用于风险分级后，可以考虑先通过人工积累大量的训练题库，由共享服务中心的作业人员基于经验规则设定风险级别。这个设定过程的最终结果，可能是很难靠人力完全抽象为模型的。但当积累了一定的人机协同作业下的题库后，能够引入机器学习引擎，对当下系统中植入的经验规则进行学习优化，从而将人机协同的人的部分进一步机器化，而这一转换比例将在持续学习的过程中不断提升，并最终提升风险分级的精度。

当然，对于风险分级模型的优化，还有很多需要同步进行的工作，如报账人关系网络的搭建，以及报账人、供应商信用体系的搭建等。

（三）机器学习实现共享作业规则的自我优化

机器学习的一个重要价值在于能够帮助我们实现共享作业规则的自我优化。和风险分级类似，在没有引入机器学习之前，我们通过规则引擎进行自动审核，而规则引擎中的规则是基于作业人员的经验提炼的。基于规则引擎的人机协同模式在获得了大量的历史题库后，同样可以基于机器学习引擎，优化和提升规则引擎中的规则，从而实现人机协同向高度自动化、智能化的转变。

参 考 文 献

[1] 陈伟清.会计电算化：畅捷通T3云财务[M].北京：清华大学出版社，2022.

[2] 韩军喜，吴复晓，赫丛喜.智能化财务管理与经济发展[M].长春：吉林人民出版社，2021.

[3] 李清.我国上市公司财务危机预测模型研究：基于统计和人工智能方法构建[M].北京：光明日报出版社，2011.

[4] 刘俊勇.商业智能财务分析解决方案[M].北京：高等教育出版社，2021.

[5] 刘勤，尚惠红.智能财务：打造数字时代的财务管理新世界[M].北京：中国财政经济出版社，2020.

[6] 刘赛，刘小海.智能时代财务管理转型研究[M].长春：吉林人民出版社，2020.

[7] 牛艳芳.智能财务分析可视化[M].北京：高等教育出版社，2021.

[8] 任兴磊.智能财务分析方法 准确计算法和因素穷尽法[M].北京：世界知识出版社，2021.

[9] 石贵泉，宋国荣.智能财务共享[M].北京：高等教育出版社，2021.

[10] 滕晓东，宋国荣.智能财务决策[M].北京：高等教育出版社，2021.

[11] 张金昌，张英，董娜.智能财务报表分析：应用技巧与案例解析[M].北京：机械工业出版社，2021.

[12] 张金昌.智能财务分析方法：准确计算法和因素穷尽法[M].北京：中国社会科学出版社，2020.

[13] 张敏，付建华，周钢战.智能财务基础：数智化时代财务变革实践与趋势[M].北京：中国人民大学出版社，2021.

[14] 张一兰.智能财务时代[M].长春：吉林大学出版社，2020.

[15] 祝泽文.Power BI智能财务应用与实战从新手到高手[M].北京：中国铁道出版社有限公司，2020.